FRISCH
bezogen

ALISON WORMLEIGHTON

:Haupt

ALISON
WORMLEIGHTON

FRISCH
bezogen

Ideen und
Projekte für
Sessel und
Sofas

HAUPT VERLAG
BERN • STUTTGART • WIEN

Inhalt

Die amerikanische Originalausgabe erschien 2003 unter dem Titel *Slipcover Style* bei Krause Publications, Iola, USA

Copyright © 2003 by Quarto Inc., GB-London

Aus dem Englischen übersetzt von Anne Taubert, D-Berlin

Satz der deutschen Ausgabe:
Thomas Heider, D-Bergisch Gladbach

Bibliografische Information der Deutschen Bibliothek
Die Deutsche Bibliothek verzeichnet diese Publikation in der Deutschen Nationalbibliografie; detaillierte bibliografische Daten sind im Internet über http://dnb.ddb.de abrufbar.
ISBN 3-258-06630-2

Alle Rechte vorbehalten

Copyright © 2003 für die deutsche Ausgabe by Haupt Berne
Jede Art der Vervielfältigung ohne Genehmigung des Verlages ist unzulässig

Einführung 6

Salon

Husse mit Eckfalten für einen Ohrensessel **10**

Maßgeschneiderter Sofabezug **14**

Im Rücken gebundene Husse mit losem Sitzkissen **18**

Moderner Sofabezug **22**

Überzug für einen Lehnstuhl **26**

Küche und Esszimmer

Husse mit Kellerfalten für einen Polsterstuhl **30**

Husse für Klappstühle **34**

Kissen mit Volant für Holzstühle **37**

Bodenlange Tischdecke **40**

Polster für Holzstuhl mit geschwungener Lehne **42**

Geknöpfte und gepolsterte Husse **45**

Formgetreue Polsterkissen für Esszimmerstühle **48**

Nähtechniken 98

Der Stoff **99**

Die Stoffteile **100**

Nähte **104**

Formen der Stoffteile **108**

Wohnzimmer

Husse mit gebundener Rückenfalte **52**

Husse mit drapiertem Rock und Schleifen **56**

Bezug für eine Bettcouch **59**

Einfache Sesselhusse **62**

Lange Husse für einen Regiestuhl **66**

Schlafzimmer

Kurze Husse für einen Polsterstuhl **70**

Tagesdecke und Polsterrollen **74**

Sesselbezug mit Ausschnitten für Armlehnen und Beine **78**

Husse für einen Rattansessel **81**

Überzug für das Kopfteil eines Bettes **84**

Balkon und Garten

Polsterbespannung für einen Liegestuhl **86**

Kurze Husse für einen Holzstuhl **90**

Polsterkissen für einen Rattansessel **93**

Zweiteilige Husse für einen Regiestuhl **96**

Verschlüsse und Verankerungen **111**

Dekorative Details **116**

Projekte abwandeln **124**

Index **126**

Danksagungen **128**

Einführung

NICHTS IST SO IDEAL zum Verwandeln eines ausgebleichten oder schlicht unmodern gewordenen Sofas wie ein abnehmbarer Überzug. Ein Bezug verhilft nicht nur einem alten Möbelstück zu neuem Leben, er kann auch dem gesamten Raum ein neues Gesicht verleihen. Auch ein Plus an Komfort und Gemütlichkeit ist möglich und selbst ein Hauch von Luxus oder ein Touch Humor. Ob Sie einen elegant, auf Maß geschnittenen Stil bevorzugen oder einen weicheren, legeren Look: Bezüge bieten Ihnen wunderbare Möglichkeiten, Ihr Heim nach eigenem Geschmack zu gestalten.

Überdies erfüllen Bezüge mehrere Funktionen. Ursprünglich, vor fast vierhundert Jahren, war es üblich, die wertvollere Möbelpolsterung durch Schonbezüge zu schützen, die oft nur für formelle Anlässe abgenommen wurden. Nicht zuletzt deshalb sind Bezüge heute immer noch so beliebt. Wer mit kostbarem Damast bezogene Esszimmerstühle sein Eigen nennt, schätzt den Schutz vor Staub, Flecken und dem Verschleiß, den ein Bezug bietet. Anders als die fest montierte Polsterung lässt sich ein Bezug zum Waschen oder Reinigen leicht abnehmen, und es ist auch ohne weiteres möglich, mehrere Bezüge für jedes Möbelstück zu besitzen, um sie mit den Jahreszeiten zu wechseln oder dann, wenn einem der Sinn nach etwas Neuem steht.

Die meisten Sessel und Sofas sind gut geeignet zum Beziehen, vorausgesetzt, ihr Gestell ist noch stabil; bei ausgeleierten Federn und klumpiger Füllung sollten Sie Abstand von dem Vorhaben nehmen. Auch sollte das Möbelstück nicht mit Samt oder einem glatten Material wie Leder oder Plastik bezogen sein. Für Holzstühle können ebenfalls Bezüge – oder Hussen, wie man sie für Sitzmöbel nennt – gefertigt werden. Säubern Sie den Stuhl zuvor gründlich, sonst durchdringt der Schmutz allmählich auch den neuen Bezug.

Anfänglich mag Sie der Gedanke entmutigen, einen Bezug selbst zu nähen, denn immerhin sind Bezüge dreidimensional und erscheinen daher auf den ersten Blick viel komplizierter als andere Näharbeiten, die man üblicherweise zuhause ausführt; tatsächlich aber sind nur Anfängerkenntnisse erforderlich. Die Arbeit teilt sich in leicht nachvollziehbare und einfach zu nähende Einzelschritte auf, und es gibt genügend Gelegenheiten, die Stoffteile vor dem endgültigen Zuschneiden und Nähen in die richtige Form zu bringen und auf korrekten Sitz zu überprüfen. Wenn die Teile über dem Stuhl oder Sofa zusammengesteckt sind, verschmelzen sie wie von selbst mit dessen Konturen. Und Sie werden sehen, wie sich mithilfe einiger weniger wohlplatzierter Einschnitte und Abnäher ein gerades Stoffstück der Rundung einer Sitzfläche oder Armlehne anpasst.

RECHTS: Bezüge, einfach zu nähen und jeder in anderer Farbe, verwandeln hier eine Gruppe von Regiestühlen. Nähanleitung auf den Seiten 66-69.

EINFÜHRUNG 7

Wenn Sie noch nie zuvor Bezüge gearbeitet haben, ist es nicht ratsam, gleich mit einem der ehrgeizigeren Projekte zu beginnen, wie etwa einem Sofa, einem Lehnstuhl oder einer ganzen Gruppe von Esszimmerstühlen. Ein einfacher Bezug wie die kurze Husse auf den Seiten 70-73 ist für den Anfang ideal, weil er schnell und unkompliziert genäht ist und weil er Sie dennoch mit den nötigen Grundkenntnissen vertraut macht. Für alle Projekte gilt: Lesen Sie auf jeden Fall sorgfältig die Beschreibungen zu den Nähtechniken am Ende des Buches (Seiten 98-125) durch, ehe Sie damit beginnen.

Die Projekte in diesem Buch behandeln die meisten klassischen Formen, die bei Bezügen vorzufinden sind, und darüber hinaus noch einige lustige und ungewöhnliche Entwürfe. Auch gibt es Anleitungen für andere Möbelstücke wie Liegestühle, Betten und Tische.

Selbst wenn die Projekte sehr unterschiedlich erscheinen mögen, sind die verwendeten Nähtechniken doch ähnlich, und sind Sie einmal vertraut damit, haben Sie das Rüstzeug für eigene Entwürfe. Dies kommt daher, dass sich Bezüge aus verschiedenen austauschbaren Elementen zusammensetzen. Wenn Ihnen der Rock des einen Projekts gefällt, Sie aber die Form der Armlehnen eines anderen benötigen, ist es ohne weiteres möglich, diese zu kombinieren.

AUSRÜSTUNG

Sie brauchen keine große Ausstattung, um die Bezüge herzustellen, allerdings ist eine Nähmaschine unerlässlich. Ein einfaches Modell reicht vollkommen aus. Wenn Sie viel nähen, arbeiten Sie vielleicht bereits mit einer Overlockmaschine, die nicht nur näht, sondern im gleichen Arbeitsgang auch die Nähte versäubert und den Überstand abschneidet. Befolgen Sie dabei stets die Anleitungen für Ihre Maschine.

Zum Ausmessen gerundeter Oberflächen benötigen Sie ein flexibles Bandmaß (150 cm), zum Ausmessen von ebenen oder nur wenig gerundeten Flächen eignet sich ein ausziehbares Stahlmaßband. Ein langes Lineal ist am besten für das Aufzeichnen von langen Kanten geeignet. Zum Überprüfen der rechten Winkel in den Ecken können Sie ein Dreieckslineal verwenden, sich aber genauso mit einem großen Buch behelfen.

Für den Zuschnitt des Stoffs benötigen Sie eine einwandfreie Schneiderschere, am besten mit angewinkelten Griffen. Hilfreich ist auch eine Zackenschere zum Versäubern der Nähte (siehe Seite 104), sie ist jedoch nicht für den Zuschnitt zu verwenden. Eine kleine scharfe, spitze Schere ist wichtig zum Abschneiden von Fäden, zum Zurückschneiden des Stoffs und zum Einschneiden der Nahtzugaben.

Für den Zuschnitt muss der Stoff flach ausgebreitet werden, daher benötigen Sie eine große, saubere Fläche, zum Beispiel einen Tisch. Zum Zusammennähen der einzelnen Bezugsteile sollte die Nähmaschine so auf der Arbeitsfläche aufgestellt sein, dass sich der Bezug beim Nähen nach links und nach hinten ausbreiten kann, ohne herunter zu hängen.

Zum Anzeichnen von Markierungen auf dem Stoff ist in den Projekten Schneiderkreide angegeben. Diese gibt es als Stück oder als Stift, jeweils in verschiedenen Farben, sie lässt sich später einfach wieder ausklopfen. Sie können auch einen Textilstift verwenden, bei dem die Markierung von selbst nach einer gewissen Zeit verschwindet. Bei einigen Produkten ist die Markierung innerhalb von zwei Tagen selbstlöschend, bei anderen wird sie ausgewaschen (diese bitte nicht für Stoffe verwenden, die Wasserflecken bekommen!). Prüfen Sie zunächst auf einem Stoffrest, ob die Markierung verschwindet. Vermeiden Sie es, noch nicht völlig verblasste Markierungen zu bügeln, denn einige werden dann dauerhaft fixiert.

Sie können zum Stecken der Nähte einfache Stahlstecknadeln benutzen, viel leichter zu sehen und zu handhaben sind jedoch die längeren Glaskopfnadeln, die in verschiedenen Längen und Stärken erhältlich sind. Zum Anstecken des Stoffs an die Polster und zum gleichzeitigen Anpassen an deren Form (siehe Seite 102) sind spezielle, extra lange und stabile Stecknadeln mit Ring erhältlich (Ringstecker). Wenn Sie diese nicht bekommen können, weichen Sie auf lange Glaskopfnadeln aus.

Einige Stiche müssen Sie von Hand nähen; benutzen Sie dafür normale Nähnadeln und für lange Heft- und Kräuselstiche so genannte Modistennadeln. Zu guter Letzt benötigen Sie nur noch ein Dampfbügeleisen. Verwenden Sie es mit einem Bügeltuch: das kann ein Herrentaschentuch oder ein Stück Nessel sein. Weitere hilfreiche, aber nicht unbedingt nötige Werkzeuge sind Kreide zum Markieren der Mittelpunkte an Holz- oder Korbstühlen und ein Nahttrenner, mit dem Nähte schnell wieder aufgetrennt sind.

MATERIALIEN

Die Materialien, die Sie benötigen, sind zu Beginn eines jeden Projekts angegeben. Am wichtigsten ist natürlich der Stoff; lesen Sie daher unbedingt Seite 99, bevor Sie einen Stoff für ein Projekt einkaufen. Sowohl für Stoffe aus Naturfasern wie auch aus Synthetik kann ein Allzweck-Polyesterfaden verwendet werden, man kann aber auch Baumwollgarn mit Baumwoll- oder Leinenstoffen kombinieren und Polyestergarn mit synthetischen Stoffen. Das Garn sollte in der Farbe des Stoffs gewählt sein; wenn dies nicht möglich ist, ist eine etwas dunklere Schattierung besser als eine hellere.

Unter den Materialien, die darüber hinaus in den Projekten verwendet werden, finden sich fertig gekauftes Schrägband (selbst hergestelltes ist natürlich vorzuziehen, manchmal sogar notwendig), Kederschnur, Polsterreißverschlüsse und Klettband (siehe Seiten 116, 120, 112 und 113). Große Bögen Papier werden zum Anfertigen der Schablonen benötigt und Millimeterpapier ist hilfreich zum maßstabsgetreuen Aufzeichnen der Zuschnittpläne. Waschbare Polyesterfüllung wird häufig als Wattierung verwendet; sie ist lose oder als Vlies erhältlich.

Haben Sie Ihre Grundausstattung beisammen, brauchen Sie nur noch Schere und Nadelkissen zurechtzulegen, sich für ein Projekt und einen unwiderstehlich schönen Stoff zu entscheiden – und einfach anzufangen!

Salon

HUSSE MIT ECKFALTEN FÜR EINEN OHRENSESSEL

Tiefe Falten über den Stuhlbeinen und ein schlichter und exakter Schnitt sind die richtige Wahl für den klassischen Ohrensessel.

MATERIALIEN
Dekorationsstoff
Passendes Garn
Kederschnur, 5 mm dick
Polsterreißverschluss

NÄHTECHNIKEN
Anpassen der Stoffteile (Seite 102)
Polstereinschübe (Seite 114)
Formen (Seite 108)
Ecken (Seite 106)
Keder (Seite 120)
Reißverschlüsse (Seite 112)
Kellerfalten (Seite 108)

ABMESSUNGEN
Alle Strecken zwischen den äußersten Punkten messen, da die Stoffteile in Rechteckform zugeschnitten werden. Der Reißverschluss sollte 5 cm kürzer sein als die Sesselseite, gemessen vom Fußboden bis zur Oberkante der Rückenlehne.

• (Diese Husse wurde für einen Sessel mit geraden Armlehnen entworfen, kann jedoch für geschwungene Armlehnen abgewandelt werden (siehe Seite 15).

Vorderteil Lehne (A): *Breite:* Distanz zwischen den Sesselohren plus 40,5 cm; *Länge:* Höchster Punkt an der Hinterkante der Lehne bis hinunter zum Sitz plus 25,5 cm.

Rückenteil Lehne (B): *Breite:* Rückseite plus 10 cm; *Länge:* Höchster Punkt der Rückenlehne bis Sitzunterkante plus 10 cm.

Sitz (C): *Breite:* Sitzfläche zwischen den Armlehnen plus 40,5 cm; *Länge:* Von Rückenlehne über Sitzvorder- bis -unterkante plus 25,5 cm.

Ohrenteil innen (D): *Breite:* Äußere Vorderkante bis Rückenlehne plus 25,5 cm; *Länge:* Äußere Oberkante des Ohrenteils über die Innenfläche bis hinunter zur Armlehne plus 25,5 cm.

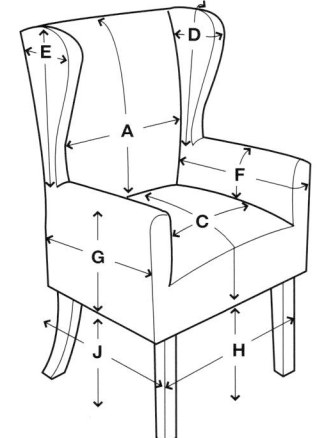

Ohrenteil außen (E): *Breite:* Vorderkante des Ohrenteils bis Kante der Rückenlehne plus 10 cm; *Länge:* Oberkante des Ohrenteils bis Armlehne plus 10 cm.

Armlehne innen (F): *Breite:* Außenkante der Armlehnenstirnseite bis Beginn der Rückenlehne plus 25,5 cm; *Länge:* Äußere Oberkante der Armlehne bis hinunter zum Sitz plus 25,5 cm.

Armlehne außen (G): *Breite:* Armlehnenvorderkante bis Außenkante Rückenlehne plus 10 cm; *Länge:* Armlehnenoberkante bis Sitzunterkante plus 10 cm.

Rock vorn (H): *Breite:* Stuhlbreite an Sitzunterkante plus 35,5 cm; *Länge:* Sitzunterkante bis Boden plus 7,5 cm.

Rock hinten (I): *Breite:* Stuhlbreite an Sitzunterkante plus 5 cm; *Länge:* Sitzunterkante bis Boden plus 7,5 cm.

Rock Seite (J): *Breite:* Sitzunterkante von vorn bis hinten plus 20,5 cm; *Länge:* Sitzunterkante bis Boden plus 7,5 cm.

Schrägstreifen (K): *Breite:* 5 cm; *Länge:* Sitzumfang plus 25,5 cm plus Abstand von vorderer Sitzunterkante über Armlehne und Ohrenteil entlang der Oberkante der Rückenlehne und hinab am anderen Ohrenteil und an der Armlehne zur Sitzunterkante.

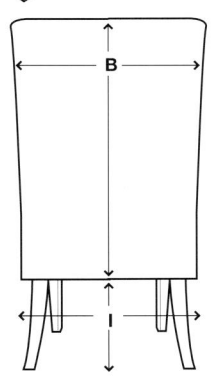

STOFFVERBRAUCH
Für einen Sessel von B 76 x H 100 cm benötigen Sie bei Stoffen von 140 cm Breite 6 m Stoff plus 10 x den Musterrapport. Bei 115 cm Stoffbreite oder wenn das Muster überall fortlaufend sein soll, benötigen Sie 9,20 m Stoff plus 15 x den längsgerichteten Musterrapport.

ZUSCHNITT

1 x A, 1 x B, 1 x C, 2 x D, 2 x E, 2 x F, 2 x G, 1 x H, 1 x I, 2 x J. Dabei darauf achten, dass das Muster (oder ggf. der Strich) von oben nach unten bzw. von hinten nach vorn verläuft. Gleichfalls auf den Musteranschluss achten. Die Teile durch die Buchstaben kennzeichnen.

Aus dem gleichen (oder nach Wunsch einem kontrastierenden) Stoff für 1 x K zum Einfassen der Kederschnur Schrägstreifen zuschneiden und aneinander nähen.

Wichtig: Da dieser Bezug eng anliegt, müssen alle Schnittteile mit der rechten Seite nach oben auf den Sessel gelegt werden. Die Nähte werden zunächst links auf links gesteckt, dann in Schritt 9 rechts auf rechts. Sobald eine Naht gesteckt ist, wird die Nahtzugabe auf 2,5 cm zurückgeschnitten; später auf 1,5 cm.

Zuschnittplan bei Stoffbreite von 140 cm

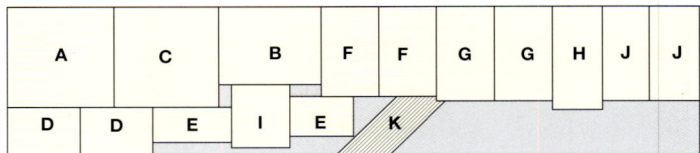

1 Ausreichend Keder für den oberen Teil des Sessels (Armlehnen, Ohrenteile, Rückenlehne) und die Oberkanten des Rocks herstellen. Mit Stecknadeln um den Sessel herum die Ansatzhöhe des Rocks markieren, dabei gleichmäßig vom Fußboden aus messen. Gleichfalls mit Stecknadeln am Sessel die Mitte der Rückenlehne vorn und hinten sowie des Sitzes markieren und an den Stoffteilen die Mitte des Lehnenvorderteils (A), des Lehnenrückenteils (B) und des Sitzes (C).

2 Vorderteil der Rückenlehne (A) mittig auf den Sessel legen. Mitte auf Mitte das Rückenteil der Lehne (B) entlang der Oberkante an (A) stecken; die Nahtzugabe zurückschneiden. (A) vorn glatt streichen und mit Stecknadeln am Polster fixieren. Rückenteil (B) ebenso an der Rückseite befestigen.

3 Sitz (C) auf den Sessel legen. Mitte auf Mitte an das Vorderteil der Lehne (A) stecken, dabei für die Polstereinschübe eine Zugabe von 7,5-15 cm berücksichtigen. Nahtzugabe zurückschneiden. Stoff über die Sitzfläche nach vorn glatt streichen und mit Stecknadeln feststecken.

4 Das Innenteil der Armlehne (F) auf den Sessel legen. Den Stoff entlang der Oberkante feststecken, über die Armlehne glatt streichen und am unteren Rand mit Anstecknadeln fixieren. Am Teil für die Sitzfläche (C) und am Vorderteil der Lehne (A) feststecken, so dass Polstereinschübe von 7,5-15 cm entstehen; Nahtzugabe zurückschneiden. Wo (A) und (C) zusammentreffen, Nahtzugabe von (F) einschneiden. Mit kleinen Falten oder Abnähern an der Außenkante den Stoff an die Rundung der Armlehne anpassen. An der anderen Seite wiederholen.

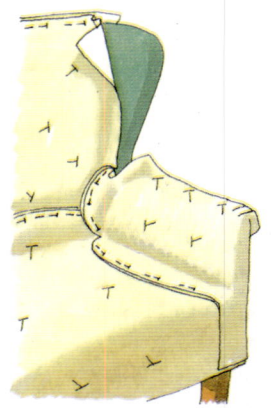

5 Das Außenteil der Armlehne (G) mit Anstecknadeln an Armlehne und Sesselseite fixieren, glatt streichen und darauf achten, dass der Fadenlauf exakt senkrecht verläuft. Nun entlang der oberen Kante an das Armlehneninnenteil (F) und an das Rückenteil der Lehne (B) stecken; Nahtzugabe zurückschneiden. An der anderen Seite wiederholen. Unterkanten beider Außenteile (G), des Rückenteils der Lehne (B) und des Sitzes (C) bis auf 2,5 cm unterhalb der mit Stecknadeln markierten Ansatzhöhe der Rockteile zurückschneiden.

6 Die Innenfläche des Ohrenteils (D) an das entsprechende Sesselteil stecken. Am Vorderteil der Lehne (A) feststecken, dabei 7,5-15 cm zum Einstecken zwischen die Polster berücksichtigen; Nahtzugabe zurückschneiden. Entlang der Außenkante mit kleinen Falten oder Abnähern der Rundung anpassen. Unterkante von (D) an die hintere Kante des Armlehneninnenteils (F) stecken. Nahtzugabe von (F) zurückschneiden und einschneiden, wo das Teil an das Vorderteil der Lehne (A) stößt. An der anderen Seite wiederholen.

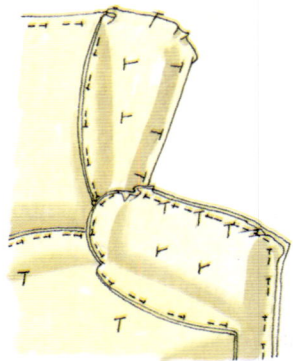

HUSSE MIT ECKFALTEN FÜR EINEN OHRENSESSEL

7 Außenfläche des Ohrenteils (E) an das entsprechende Sesselteil stecken. An das Rückenteil der Lehne (B) und das Außenteil der Armlehne (G) stecken; Nahtzugabe zurückschneiden. Entlang der Außenkante des Ohrenteils an seine Innenfläche (D) stecken; Nahtzugabe zurück- und an der Rundung einschneiden. Ebenso Nahtzugabe des Außenteils der Armlehne (G) dort einschneiden, wo sie mit der Außenfläche des Ohrenteils (E) und dem Innenteil der Armlehne (F) zusammentrifft. An der anderen Seite wiederholen.

8 Mit Schneiderkreide alle Nahtlinien auf der linken Stoffseite anzeichnen. Die Nadeln entfernen, mit denen der Stoff am Sessel befestigt ist. Aus der Naht an der rechten Rückseite des Bezugs die Stecknadeln bis auf die obersten 5 cm entfernen und den Bezug abnehmen. Mit einem Lineal die Nahtlinien begradigen, ohne den Bezug zu verkleinern. Die Nahtzugabe der rechten hinteren Naht bei 2,5 cm belassen, alle anderen auf 1,5 cm zurückschneiden.

9 Nach und nach jeweils bei einem Abschnitt die Stecknadeln aus den Nähten entfernen, dann wieder rechts auf rechts zusammenstecken. Dabei in den Nähten des Innen- und Außenteils der Armlehne (F und G), der Innen- und Außenfläche der Ohrenteile (D und E) und des Vorder- und Rückenteils der Lehne (A und B) Keder zwischenfassen. Passform des Bezugs am Sessel prüfen: die Einschübe zwischen die Polster stecken. Unterkanten des Bezugs bis auf 1,5 cm unterhalb der Ansatzhöhe des Rocks zurückschneiden.

10 Nähte bis 1,5 cm vor den Enden absteppen, dabei in Ecken hineinnähen oder die Arbeit mit der Nadel im Stoff drehen. Zunächst die Nähte schließen, die in die Kedernähte hineinlaufen. Von der rechten hinteren Naht nur die obersten 5 cm schließen, da hier der Reißverschluss eingefügt wird (siehe Schritt 13). Nahtzugaben der fertigen Nähte versäubern und auseinander bügeln. Keder von rechts mit 1,5 cm Nahtbreite entlang der Unterkante des Bezugs aufheften, in den Ecken die Nahtzugabe des Keders einschneiden. Die Kedernaht danach als eine einzige fortlaufende Naht steppen.

11 Seitenteile des Rocks (J) rechts auf rechts mit 2,5 cm Nahtbreite an die senkrechten Kanten des vorderen Rockteils (H) steppen, dabei an den oberen Enden der Naht 1,5 cm offen lassen. Ebenso den hinteren Rock (I) an den linken Rock (J) nähen. Nahtzugaben der fertigen Nähte auf 1,5 cm zurückschneiden, versäubern und auseinander bügeln. Bezug mit der linken Seite nach außen über den Sessel streifen.

12 Rechts auf rechts die Oberkante des Rocks an die Unterkante des Bezugs stecken, die Nähte treffen dabei auf die Sesselecken. Stoffüberschuss des Rocks an den beiden vorderen Ecken zu Kellerfalten legen, die Naht liegt dabei innen in der Mitte. Den Bezug abnehmen. Die Falten auf der ganzen Länge heften und bügeln, danach die Heftfäden ziehen. Rock mit 1,5 cm Nahtbreite am des Bezug feststeppen, Nahtzugabe versäubern, bügeln. Bezug mit der rechten Seite nach außen über den Sessel streifen und die offene Naht zustecken.

13 An der Unterkante des Bezugs einen doppelten Saum von 2,5 cm einschlagen, überschüssigen Stoff wegschneiden. Saum per Hand nähen. Stecknadeln aus der nicht genähten Naht entfernen, Bezug vom Sessel nehmen und Reißverschluss einsetzen. Husse über den Sessel streifen, Reißverschluss schließen und Einschübe zwischen die Polster stecken.

VARIANTE
Rock weglassen, die anderen Teile des Bezugs etwas verlängern und unten eine Bogenkante ansetzen. Anleitung für die Bogenkante siehe Seiten 76–77 (Tagesdecke, Schritte 3–4).

MASSGESCHNEIDERTER SOFABEZUG

Der abnehmbare Bezug für das traditionelle Sofa ist ein doppelter Gewinn: Sie haben ein neues, schickes und modernes Sofa und es lässt sich auch noch bequem reinigen.

MATERIALIEN

Dekorationsstoff
Passendes Garn
Kederschnur, 5mm dick
2 Polsterreißverschlüsse für das Sofa und 4 für die Kissen

NÄHTECHNIKEN

Anpassen der Stoffteile (Seite 102)
Polstereinschübe (Seite 114)
Formen (Seite 108)
Ecken (Seite 106)
Keder (Seite 120)
Reißverschlüsse (Seite 112)
Kellerfalten (Seite 108)

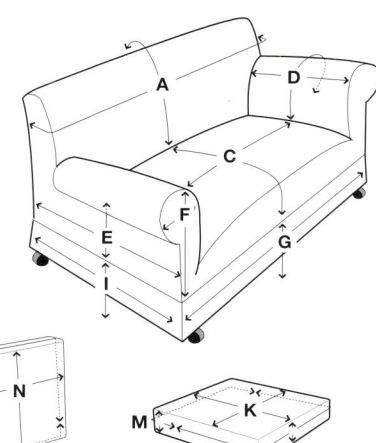

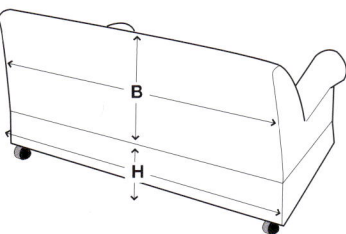

ABMESSUNGEN

Vor dem Maßnehmen die Kissen vom Sofa nehmen. Die Strecken zwischen den äußersten Punkten messen, da alle Teile in Rechteckform zugeschnitten werden. Die Sofareißverschlüsse 5 cm kürzer wählen als der Abstand von der Oberkante der Rückenlehne bis zum Fußboden, gemessen an der Seite; die Reißverschlüsse für die Kissen 10 cm länger wählen als deren hintere Längskanten.

• Dieser Bezug wurde für ein Sofa oder einen Sessel mit runden Armlehnen entworfen, er kann jedoch für gerade Armlehnen abgewandelt werden (siehe Seite 11). Die Naht für die Armlehne befindet sich hier unterhalb ihrer äußeren Wölbung; je nach Design des Möbelstücks kann sie auch auf die halbe Höhe verlegt werden.

Vorderteil Lehne (A): *Breite:* von der einen Seitenkante der Rückenlehne über die Vorderseite bis zur andern Seitenkante der Lehne plus 10 cm; *Länge:* Oberkante der Lehnenrückseite über die Vorderseite hinunter zum Sitz plus 25,5 cm.

Rückenteil Lehne (B): *Breite:* Lehnenrückseite plus 10 cm; *Länge:* Rückenlehnenoberkante bis Sitzunterkante plus 10 cm.

Sitz (C): *Breite:* Sitzfläche plus 40,5 cm; *Länge:* Rückenlehne über die Vorderkante des Sofas bis Sitzunterkante plus 25,5 cm.

Armlehne innen (D): *Breite:* Armlehnenvorderkante bis Rückenlehne plus 28 cm; *Länge:* Unterkante der äußeren Armlehnenwölbung über die Wölbung bis hinunter zum Sitz plus 28 cm.

Armlehne außen (E): *Breite:* Armlehnenvorderkante bis Außenkante Rückenlehne plus 13 cm; *Länge:* Unterkante der äußeren Armlehnenwölbung bis Sitzunterkante plus 13 cm.

Stirnblende Armlehne (F): *Breite:* Armlehnenfront plus 10 cm; *Länge:* Höchster Punkt an der Armlehnenfront bis Sitzunterkante plus 10 cm.

Rock vorn (G): *Breite:* Sofabreite, gemessen an der Sitzunterkante, plus 35,5 cm; *Länge:* Sitzunterkante bis Boden plus 7,5 cm.

Rock hinten (H): *Breite:* Sofabreite, gemessen an der Sitzunterkante, plus 6,5 cm; *Länge:* Sitzunterkante bis Boden plus 7,5 cm.

Rock Seite (I): *Breite:* Sofatiefe plus 20,5 cm; *Länge:* Sitzunterkante bis Boden plus 7,5 cm.

Schrägstreifen (J): *Breite:* 5 cm; *Länge:* für ein Dreisitzersofa etwa 14 m.

Ober-/Unterseite Sitzkissen (K): *Breite:* Kissenbreite plus 10 cm; *Länge:* Vorderkante bis Hinterkante des Kissens plus 10 cm.

Seitenstreifen Sitzkissen (L): *Breite:* Kissenhöhe plus 3 cm; *Länge:* Kissenumfang minus hintere Kissenbreite minus 9 cm.

Reißverschlussstreifen Sitzkissen (M): *Breite:* 1/2 Kissenhöhe plus 4 cm; *Länge:* hintere Kissenbreite plus 15 cm.

Zuschnittplan bei Stoffbreite von 140 cm

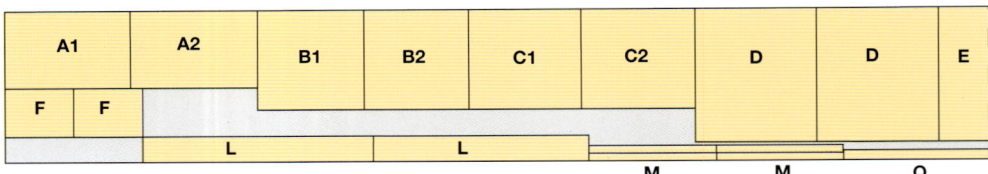

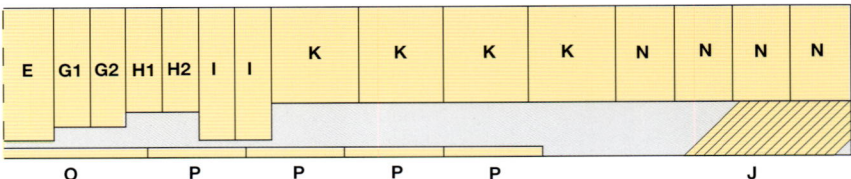

Vorder-/Rückseite Rückenkissen (N): *Breite:* Kissenbreite an Oberkante plus 10 cm; *Länge:* Oberkante bis Unterkante Kissen plus 10 cm.

Seitenstreifen Rückenkissen (O): *Breite:* Kissenhöhe plus 3 cm; *Länge:* Kissenumfang minus Kissenbreite an der Unterseite minus 9 cm.

Reißverschlussstreifen Rückenkissen (P): *Breite:* 1/2 Kissenhöhe plus 4 cm; *Länge:* untere Kissenbreite plus 15 cm.

STOFFVERBRAUCH

Für ein 1,70 m breites Sofa benötigen Sie bei einer Stoffbreite von 140 cm etwa 17 m Stoff ohne Berücksichtigung des Musterrapports.

ZUSCHNITT

1 x A, 1 x B, 1 x C, 2 x D, 2 x E, 2 x F, 1 x G, 1 x H, 2 x I zuschneiden, dazu für jedes Sitzkissen 2 x K, 1 x L, 2 x M und für jedes Rückenkissen 2 x N, 1 x O, 2 x P. Dabei darauf achten, dass das Muster (oder ggf. der Strich) von oben nach unten bzw. von hinten nach vorn verläuft und sich die Muster angrenzender Teile aneinander anschließen. Die Stoffteile durch die Buchstaben kennzeichnen. Für Vorderteil Lehne (A), Rückenteil Lehne (B), Sitz (C), Rock vorn (G) und Rock hinten (H) müssen je 2 Teile so zusammengefügt werden, dass diese Nähte später genau aufeinander treffen. Keder: aus dem Bezugsstoff oder einem kontrastierenden Stoff Schrägstreifen zuschneiden und aneinander nähen für 1 x J.

Wichtig: Da dieser Bezug straff sitzt, müssen alle Schnittteile mit der rechten Seite nach oben auf das Sofa gelegt werden. Die Nähte werden zuerst links auf links gesteckt, dann in Schritt 8 rechts auf rechts. Sobald eine Naht gesteckt ist, wird die Nahtzugabe auf 2,5 cm gekürzt; später auf 1,5 cm.

1 Genügend Keder herstellen. Mit Stecknadeln um das Sofa herum die Ansatzhöhe der Rockteile markieren, dabei gleichmäßig vom Boden aus messen. Gleichfalls mit Stecknadeln am Sofa die Mitte der Vorder- und Rückseite der Rückenlehne sowie des Sitzes markieren und am Stoff des Vorder- und Rückenteils der Lehne (A und B) sowie des Sitzes (C).

2 Vorderteil der Rückenlehne (A) mit der Mitte an die Mitte der Vorderseite der Sofarückenlehne legen. Mitte auf Mitte Rückenteil (B) entlang der Oberkante an das Vorderteil (A) stecken. (A) glatt streichen und mit Stecknadeln am Polster feststecken. Mit dem Rückenteil der Lehne ebenso verfahren. Beide Teile an den Seiten zusammenstecken, so dass die Nahtlinie an der Seitenkante hinten liegt. Nahtzugaben zurückschneiden. An den Ecken von (A) Abnäher stecken.

3 Sitz (C) auf das Sofa legen. Mitte auf Mitte (C) an das Vorderteil der Lehne (A) stecken, dabei eine Zugabe von 7,5-15 cm zum Einstecken zwischen die Polster berücksichtigen; Nahtzugabe zurückschneiden. Stoff über Sitzfläche und Vorderseite des Sofas glatt streichen und daran feststecken.

MASSGESCHNEIDERTER SOFABEZUG

4 Innenteil der Armlehne (D) auf das Sofa legen. Stoff über der Armlehne glatt streichen und an der Oberkante und dem unteren Rand mit Anstecknadeln fixieren. Am Teil für die Sitzfläche (C) und am Rückenlehnenvorderteil (A) feststecken, dabei an beiden Nähten 7,5-15 cm zum Einschieben in den Korpus berücksichtigen. Nahtzugaben zurückschneiden. Wo Vorderteil Lehne (A) und Sitz (C) zusammentreffen, Nahtzugabe von (D) einschneiden. Mit kleinen Falten oder Abnähern an der Außenkante von (D) Stoff der Rundung der Armlehne anpassen. Die andere Seite genau so arbeiten.

5 Das Außenteil der Armlehne (E) mit Anstecknadeln an Armlehne und Seite des Sofas fixieren, glatt streichen und darauf achten, dass der Fadenlauf senkrecht verläuft. Am Armlehneninnenteil (D), dem Lehnenvorderteil (A) und dem Lehnenrückenteil (B) feststecken; Nahtzugaben zurückschneiden und in den Rundungen einschneiden. An der anderen Armlehne wiederholen.

6 Mit Anstecknadeln die Stirnblende der Armlehne (F) feststecken. Mit den Innen- und Außenteilen der Armlehne (D und E) zusammenstecken. Nahtzugaben zurückschneiden und in den Rundungen einschneiden. Am vorderen, senkrecht verlaufenden Teil von Sitz (C) feststecken, Nahtzugabe von (C) an der vorderen Ecke einschneiden und zurückschneiden. Auf der anderen Seite wiederholen.

7 Mit Schneiderkreide alle Nahtlinien auf der linken Stoffseite anzeichnen. Nadeln entfernen, mit denen der Stoff am Sofa befestigt ist. Aus den Nähten der Rückseite des Sofas die Nadeln bis auf die obersten 5 cm entfernen; Bezug abnehmen. Bei diesen Nähten die Zugaben auf 2,5 cm kürzen, bei allen anderen auf 1,5 cm.

8 Nach und nach jeweils bei einem Abschnitt die Stecknadeln entfernen, dann die Nähte gleich wieder rechts auf rechts zusammenstecken, dabei Keder zwischenfassen. Passform des Bezugs am Sofa überprüfen, dazu die Polstereinschübe in den Korpus stecken. Unterkante des Bezugs bis auf 1,5 cm unterhalb der Ansatzhöhe der Rockteile zurückschneiden.

9 Nähte bis auf 1,5 cm an den Enden absteppen, in Ecken hineinnähen oder die Arbeit mit der Nadel im Stoff drehen. Bei den senkrechten Nähten auf der Sofarückseite nur die obersten 5 cm schließen. Passform des Bezugs prüfen, Nahtzugaben der fertigen Nähte an den Rundungen einschneiden, versäubern und auseinander bügeln. Entlang der Unterkante des Bezugs von rechts mit 1,5 cm breiter Naht Keder aufheften; die Nahtzugabe in den Ecken einschneiden.

10 Seitlicher Rock (I) rechts auf rechts mit 2,5 cm breiter Naht an die kurzen Seiten des vorderen Rocks (G) nähen, dabei am oberen Ende jeweils 1,5 cm offen lassen. Nahtzugabe der fertigen Nähte auf 1,5 cm zurückschneiden, versäubern und auseinander bügeln.

11 Hinteren Rock (H) rechts auf rechts an den Bezug stecken. Den übrigen Rock (G/I) feststecken, dabei die Nähte genau in die Ecken legen. Stoffüberschuss des Rocks an den vorderen Ecken in Kellerfalten legen, so dass die Naht innen in der Mitte liegt. Falten heften und bügeln, dann Heftfäden ziehen. Rock 1,5 cm breit an den Bezug steppen; Nahtzugabe versäubern und auseinander bügeln. Bezug über das Sofa streifen. Die offenen Nähte an der Rückseite zustecken.

12 An der Bezugsunterkante einen doppelten Saum von 2,5 cm umschlagen, überschüssigen Stoff zuvor abschneiden; Saum von Hand nähen. Stecknadeln aus den offenen Nähten entfernen, Bezug abnehmen, Reißverschlüsse einsetzen. Bezug wieder über das Sofa streifen, Reißverschlüsse schließen und Polstereinschübe in den Korpus stecken.

13 Für die losen Sitz- und Rückenkissen die Anleitungen auf Seite 21 (Schritte 14-17) und Seite 51 (Schritt 10) befolgen, dabei in den Nähten Keder zwischenfassen.

IM RÜCKEN GEBUNDENE HUSSE MIT LOSEM SITZKISSEN

Diese großzügig geschnittene Husse, die im Rücken mit Bändern zusammengehalten wird, und das tiefe Sitzkissen machen jeden Lehnstuhl so richtig einladend und gemütlich.

MATERIALIEN

Dekorationsstoff
Passendes Garn
Polsterreißverschluss (für das Sitzkissen)

NÄHTECHNIKEN

Anpassen der Stoffteile (Seite 102)
Ecken (Seite 106)
Formen (Seite 108)
Reißverschlüsse (Seite 112)

ABMESSUNGEN

Vor dem Ausmessen des Sessels das Sitzkissen abnehmen. Alle Abschnitte jeweils zwischen den äußersten Punkten messen, da die Stoffteile in Rechteckform zugeschnitten werden. Den Reißverschluss 10 cm länger als die Rückseite des Kissens wählen.
• Die Husse wurde für einen Sessel mit runden Armlehnen entworfen, lässt sich jedoch für gerade Lehnen abwandeln (siehe Seite 11). Die Ansatznaht verläuft auf halber Höhe der Armlehnenwölbung; je nach Sesselmodell kann sie auch unterhalb der Wölbung angesetzt werden. Das Sitzkissen ist hier T-förmig und ragt nach vorn über die Armlehnen hinaus; auch in diesem Punkt ist eine Abwandlung des Schnitts möglich (siehe Seiten 14-17).

Vorderteil Lehne (A): *Breite:* Rückenlehne von Ohrenteil zu Ohrenteil plus 43 cm; *Länge:* Hintere Oberkante der Rückenlehne vorne hinunter bis zum Sitz plus 28 cm.

Rückenteil Lehne (B): *Breite:* Lehnenrückseite plus 13 cm; *Länge:* Oberkante der Lehne bis Fußboden plus 13 cm.

Sitz (C): *Breite:* Sitzbreite zwischen den Armlehnen plus 43 cm; *Länge:* Rückenlehne bis Vorderkante der Armlehnen plus 28 cm.

Ohrenteil innen (D): *Breite:* Außenkante des Ohrenteils bis Rückenlehne plus 28 cm; *Länge:* Äußere Oberkante über Innenfläche Ohrenteil hinunter zur Armlehne plus 28 cm.

Ohrenteil außen (E): *Breite:* Vorderkante Ohrenteil bis Rückseite Rückenlehne plus 13 cm; *Länge:* Ohrenteiloberkante bis Armlehne plus 13 cm.

Armlehne innen (F): *Breite:* Armlehnenvorderkante bis Vorderseite Rückenlehne plus 28 cm; *Länge:* Abstand von halber Höhe der äußeren Armlehnenwölbung über Armlehneninnenseite hinunter zum Sitz plus 28 cm.

Armlehne außen (G): *Breite:* Sitzvorderkante bis Rückenlehne plus 13 cm; *Länge:* Abstand von halber Höhe der äußeren Armlehnenwölbung bis zum Fußboden plus 13 cm.

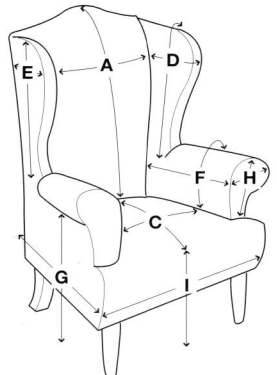

Stirnblende Armlehne (H): *Breite:* Armlehnenfront plus 10 cm: *Länge:* Armlehnenoberkante bis Sitzfläche plus 13 cm.

Rock vorn (I): *Breite:* Sesselbreite auf Höhe der Sitzfläche plus 13 cm; *Länge:* unteres Ende Stirnblende über Sitzvorderkante bis Fußboden plus 13 cm.

Bänder (J): *Breite:* 10 cm; *Länge:* 45,5 cm.

Ober-/Unterseite Kissen (K): *Breite:* Größte Breite des Kissens plus 10 cm; *Länge:* Vorder- bis Hinterkante des Kissens plus 10 cm.

Seitenstreifen Kissen (L): *Breite:* Kissenhöhe plus 3 cm; *Länge:* Umfang minus Breite des Kissens an der Rückseite minus 9 cm.

Reißverschlussstreifen Kissen (M): *Breite:* 1/2 Kissenhöhe plus 4 cm; *Länge:* Kissenbreite hinten plus 15 cm.

STOFFVERBRAUCH

Für einen Sessel von B 75 x H 100 cm benötigen Sie bei 140 cm Stoffbreite 6,60 m Stoff plus 8 x den Musterrapport. Bei einer Stoffbreite von 115 cm oder wenn sich das Muster in Längs- und Querrichtung fortsetzen soll, benötigt man etwa das Doppelte.

ZUSCHNITT

1 x A, 1 x B, 1 x C, 2 x D, 2 x E, 2 x F, 2 x G, 2 x H, 1 x I, 12 x J, 2 x K, 1 x L, 2 x M. Dabei darauf achten, dass das Muster (oder ggf. der Strich) von oben nach unten bzw. von hinten nach vorn verläuft. Das Innenteil der Armlehne (F) kann wie auf unserem Foto quer zur Richtung des Stoffs zugeschnitten werden, desgleichen die Bänder. Darauf achten, dass sich das Muster eines jeden Teils an das der angrenzenden Teile anschließt. Alle Teile durch die Buchstaben kennzeichnen.

Zuschnittplan bei Stoffbreite von 140 cm

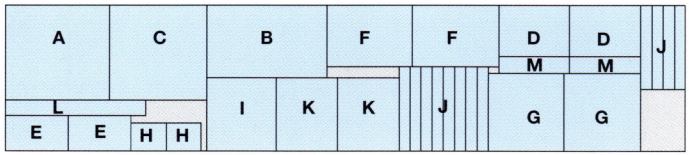

Wichtig: Da diese Husse locker sitzt, können alle Stoffteile mit der linken Seite nach oben auf den Sessel gelegt und die Nähte rechts auf rechts gesteckt werden. Sobald eine Naht gesteckt ist, die Nahtzugabe auf 2,5 cm zurückschneiden, später auf 1,5 cm.

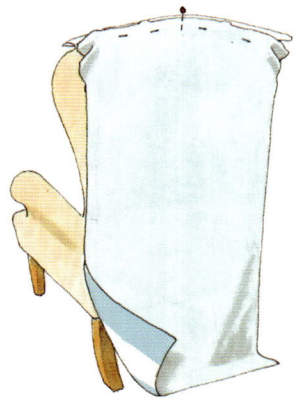

1 Mit Stecknadeln am Sessel innen und außen die Mitte der Rückenlehne und des Sitzes markieren, ebenso am Stoff des Vorder- und Rückenteils der Rückenlehne (A und B) und des Sitzes (C). Vorderteil der Lehne (A) mittig auf den Sessel legen. Mitte auf Mitte Rückenteil (B) entlang der Oberkante an (A) stecken; Nahtzugabe zurückschneiden. Beide Teile über dem Sessel glatt streichen und mit Ansteckadeln daran feststecken.

2 Stoffteil für den Sitz (C) auf den Sessel legen. Mitte auf Mitte (C) an Vorderteil der Lehne (A) stecken, dabei 7,5-15 cm zum Einstecken zwischen die Polster berücksichtigen; Nahtzugabe zurückschneiden. Stoff über Sitzfläche und Lehne glatt streichen und mit Stecknadeln feststecken.

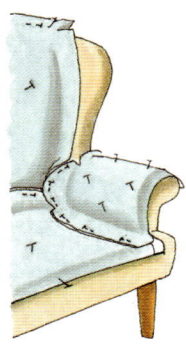

3 Innenteil der Armlehne (F) auf den Sessel legen. Stoff auf der Höhe der Armlehne mit Ansteckadeln feststecken, glatt streichen und am unteren Rand ebenfalls mit Stecknadeln fixieren. An Sitz (C) und Vorderteil der Lehne (A) stecken, dabei jeweils Polstereinschübe von 7,5-15 cm bilden; Nahtzugaben zurückschneiden und (F) dort einschneiden, wo (A) und (C) zusammentreffen. Auf der anderen Seite wiederholen.

4 Außenteil der Armlehne (G) an Armlehne und Seite des Sessels glatt streichen und fixieren; darauf achten, dass die Richtung des Stoffes genau senkrecht verläuft. An Innenteil der Armlehne (F) und Rückenteil der Lehne (B) stecken; Nahtzugaben zurückschneiden und an den Rundungen einschneiden. Auf der anderen Seite wiederholen.

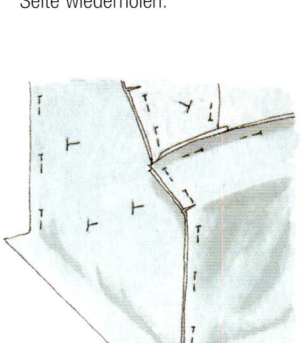

5 Mit Stecknadeln Stirnblende der Armlehne (H) fixieren. An Innenteil der Armlehne (F) stecken, dabei falls nötig an der Vorderkante von (F) die Weite mit Fältchen einhalten. Stirnblende (H) an Außenteil der Armlehne (G) stecken. Nahtzugaben kürzen und an den Rundungen einschneiden. An der anderen Seite wiederholen.

6 Vorderen Rock (I) mit Stecknadeln am Sessel fixieren. Oberkante an Sitz (C) und Stirnblende (H) feststecken, ebenso die Seitenkante an das Außenteil der Armlehne (G) wie abgebildet. Nahtzugabe von (I) zurückschneiden und an der vorderen Sesselecke einschneiden. Auf der anderen Seite wiederholen.

7 Innenfläche des Ohrenteils (D) am Sessel fixieren. An Vorderteil Rückenlehne (A) stecken, dabei 7,5-15 cm zum Einstecken zwischen die Polster berücksichtigen; Nahtzugabe zurückschneiden. Stoff mit kleinen Falten oder Abnähern der Rundung des Ohrenteils anpassen. Unterkante von (D) an die hintere Kante des Armlehneninnenteils (F) stecken. Nahtzugabe von (F) kürzen und da einschneiden, wo die Teile (F) und (A) aneinander stoßen. Das andere Ohrenteil genau so arbeiten.

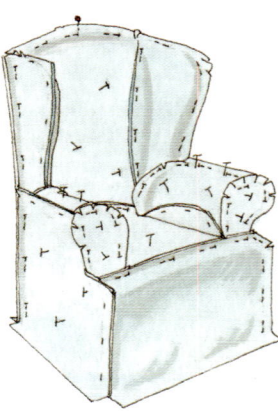

8 Außenfläche des Ohrenteils (E) mit Stecknadeln fixieren. An Rückenteil der Lehne (B) und Außenteil der Armlehne (G) stecken; Nahtzugaben kürzen. An die Innenfläche des Ohrenteils (D) stecken, so dass die Naht an der Außenkante liegt; Nahtzugabe zurück- und an der Rundung einschneiden. Nahtzugabe des Armlehnenaußenteils (G) dort einschneiden, wo es auf Außenfläche des Ohrenteils (E) und Armlehneninnenteil (F) trifft. Das andere Ohrenteil genau so arbeiten.

9 Mit Schneiderkreide alle Nahtlinien anzeichnen. Die Nadeln entfernen, mit denen der Stoff am Sessel befestigt ist, und die Husse abnehmen. Mit einem Lineal alle Linien begradigen. Die Nahtzugaben der hinteren senkrechten Nähte auf 2,5 cm, alle anderen auf 1,5 cm zurückschneiden.

10 Passform am Sessel überprüfen. Bis auf die rückwärtigen senkrechten Nähte alle Nähte schließen, dabei an den Enden jeweils 1,5 cm offen lassen (außer an der Unterkante). In Ecken entweder hineinnähen oder die Arbeit mit der Nadel im Stoff drehen.

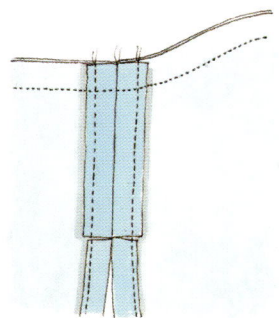

11 Bei den hinteren, senkrechten Nähten nur die obersten 15 cm nähen. Nahtzugabe am Ende der geschlossenen Naht jeweils einschneiden und die genähte Naht auseinander bügeln. An der offenen Schnittkante zunächst 5 mm, dann 2 cm nach innen umbügeln. Diesen Einschlag feststeppen, dabei die Naht bis in die bereits fertige Nahtstrecke fortführen.

12 An der Unterkante 2 x 2,5 cm für einen doppelten Saum umbügeln (überschüssigen Stoff abschneiden). Saum von Hand festnähen.

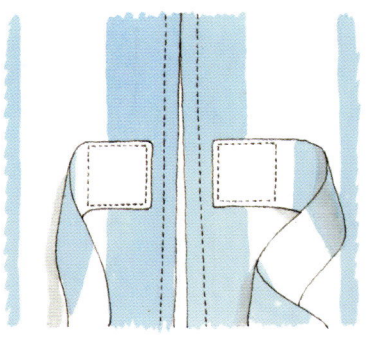

13 Für die Bänder alle Teile (J) rechts auf rechts der Länge nach in der Mitte falten, stecken und 1 cm breit an der Längsseite und an einem Ende absteppen. Auf die rechte Seite wenden und bügeln. Offene Kante nach innen einschlagen und mit Saumstichen schließen. Jeweils drei Bänderpaare wie abgebildet in gleichmäßigen Abständen setzen.

14 Anders als bei Sitzkissen mit gleichmäßigen Kanten sollten Bezüge für Kissen in T-Form vor dem Nähen angepasst werden. Dafür Kissenoberseite (K) mit der linken Seite nach außen über dem Kissen glatt streichen und in seinen Seitennähten mit Stecknadeln feststecken. Mit Schneiderkreide die Nahtlinien anzeichnen. Nadeln entfernen und Linien mit dem Lineal begradigen, dabei auf Symmetrie achten. Nahtzugaben auf 1,5 cm zurückschneiden. Dieses Teil als Schablone für den Zuschnitt der Unterseite (K) verwenden.

15 Die beiden Reißverschlussstreifen (M) rechts auf rechts an einer Längskante zusammenstecken. An beiden Enden 2,5 cm mit 2,5 cm Nahtbreite absteppen, dazwischen mit größter Stichlänge heften. Reißverschluss einsteppen, Heftstiche entfernen und Reißverschluss öffnen.

16 Rechts auf rechts 1,5 cm breit die Enden des Seitenstreifens (L) an die Enden des Reißverschlussstreifens steppen. Zum Überprüfen der Passgenauigkeit Streifen so über das Kissen ziehen, dass der Reißverschluss hinten liegt und gleich weit um beide Ecken herumreicht. Der Streifen sollte eng anliegen. In den Ecken Nahtzugabe einschneiden. Streifen abnehmen und Nähte auseinander bügeln.

17 Rechts auf rechts Seitenstreifen (L) an Ober- und Unterseite (K) des Kissens stecken, 1,5 cm breit absteppen. Nahtzugaben und Ecken zurückschneiden, Bezug wenden und bügeln. Kissen beziehen und Reißverschluss schließen.

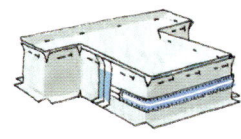

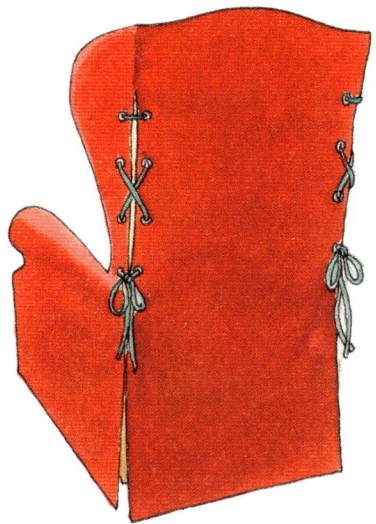

VARIANTE

Anstelle der Bänder an den senkrechten Seitenkanten des Rückenteils Ösen anbringen, Kordeln durchziehen und die Kordelenden zur Schleife binden.

MODERNER SOFABEZUG

Dieser Bezug für ein Sofa oder einen Klubsessel zeigt die klaren Linien der klassischen Moderne. Er liegt glatt an und lässt sich kaum von der echten Polsterung unterscheiden.

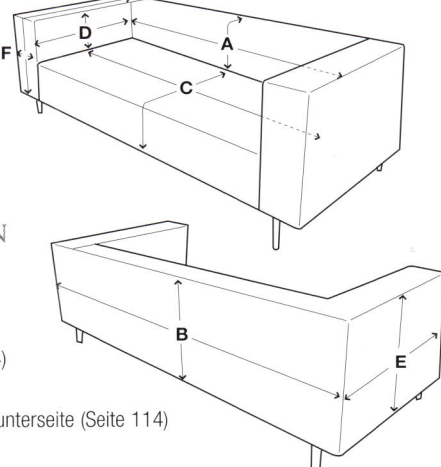

MATERIALIEN
Dekorationsstoff
Passendes Garn
Klettband zum Aufnähen
    und -kleben
2 Polsterreißverschlüsse

NÄHTECHNIKEN
Anpassen der Stoffteile
    (Seite 102)
Ecken (Seite 106)
Polstereinschübe (Seite 114)
Reißverschlüsse (Seite 112)
Verankerung auf der Möbelunterseite (Seite 114)

ABMESSUNGEN
Alle Strecken zwischen den äußersten Punkten messen, da die Stoffteile in Rechteckform zugeschnitten werden. Der Reißverschluss sollte 5 cm kürzer sein als die Strecke zwischen Ober- und Unterkante der Sofarückseite.
• Der Bezug ist für ein Sofa entworfen, das keinen Einsatz zwischen Vorder- und Rückenteil der Lehne hat. Ist ein solcher an Ihrem Sofa vorhanden, fertigen Sie einen Streifen in genau den Maßen des Originalstreifens an und geben an jeder Kante 10 cm zu. Fügen Sie dafür nach Bedarf Stoffteile zusammen (siehe Zuschnitt). Das Vorderteil der Lehne (A) wird in diesem Fall nur ab der vorderen Oberkante gemessen. Der Einsatzstreifen wird in Schritt 2 an das Polster angesteckt und anschließend an das Vorderteil der Lehne (A) und das Rückenteil der Lehne (B) gesteckt.

Vorderteil der Lehne (A): *Breite:* Vorderseite der Lehne plus 40,5 cm; *Länge:* Rückwärtige Oberkante der Lehne bis Sitzfläche plus 25,5 cm.

Rückenteil der Lehne (B): *Breite:* Rückseite der Rückenlehne bis zu den Außenkanten plus 10 cm; *Länge:* Oberkante bis Unterkante der Rückenlehne plus 10 cm.

Sitz (C): *Breite:* Sitzfläche plus 40,5 cm; *Länge:* Sitzfläche von der Lehne über die Vorderkante bis zur Unterkante plus 25,5 cm.

Armlehne innen (D): *Breite:* Vorderkante Armlehne bis Rückenlehnenvorderseite plus 25,5 cm; *Länge:* Höchster Punkt der Armlehne bis Sitzfläche plus 25,5 cm.

Armlehne außen (E): *Breite:* Vorderkante Armlehne bis Kante Rückenlehne außen plus 10 cm; *Länge:* Höchster Punkt der Armlehne bis Unterkante plus 10 cm.

Einsatzstreifen Armlehne (F): *Breite:* Breite der Armlehne plus 10 cm; *Länge:* Rückenlehnenrückseite über Vorderkante Armlehne bis Unterkante plus 10 cm.

STOFFVERBRAUCH
Für ein Sofa von B 183 x H 69 cm benötigen Sie bei Stoffbreite von 140 cm etwa 8 m Stoff ohne Berücksichtigung des Musterrapports.

Zuschnittplan bei Stoffbreite von 140 cm

A1	B1	C1	A3	B3		F		F
A2	B2	C2	C3		D	D	E	E

ZUSCHNITT

1 x A, 1 x B, 1 x C, 2 x D, 2 x E, 2 x F zuschneiden, dabei darauf achten, dass das Muster (oder ggf. der Strich) von oben nach unten bzw. von hinten nach vorn verläuft. Ebenfalls den Musteranschluss beachten. Die Teile durch die Buchstaben kennzeichnen. Wenn Sie den Stoff nicht so zuschneiden, dass der (Kett)Fadenlauf in Richtung der Sofabreite verläuft, müssen Sie für das Vorderteil (A), das Rückenteil (B) und den Sitz (C) Stoffstücke aneinander setzen; die Nähte müssen später aufeinander treffen.

Wichtig: Da dieser Bezug eng anliegt, müssen alle Stoffteile mit der rechten Seite nach oben auf dem Sofa ausgelegt werden; zunächst werden die Nähte links auf links zusammengesteckt, später in Schritt 10 dann rechts auf rechts. Sobald eine Naht gesteckt ist, werden die Nahtzugaben auf 2,5 cm zurückgeschnitten; später auf 1,5 cm.

1 Für die breiten Stücke Stoffteile miteinander verbinden (siehe Zuschnitt). Mit Stecknadeln die Mitte an der Vorder- und Rückseite der Sofalehne und der Sitzfläche sowie am Lehnenvorderteil (A), Lehnenrückenteil (B) und am Sitz (C) markieren.

2 Das Vorderteil der Lehne (A) mittig auf das Sofa legen. Mitte auf Mitte das Rückenteil der Lehne (B) mit der Oberkante an das Vorderteil (A) stecken. Nahtzugabe zurückschneiden. Das Vorderteil (A) über der Lehne glatt streichen und daran feststecken. Mit dem Lehnenrückenteil (B) wiederholen.

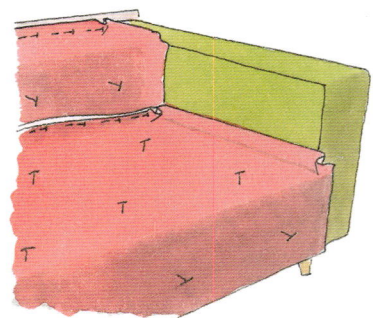

3 Das Teil für den Sitz (C) auf das Sofa legen. Mitte auf Mitte das Teil (C) an das Lehnenvorderteil (A) stecken, dabei 7,5-15 cm zum Einschieben zwischen die Polster berücksichtigen; Nahtzugabe zurückschneiden. Das Teil (C) über der Sofasitzfläche und über der Vorderfront glatt streichen und mit Stecknadeln daran feststecken.

4 Armlehneninnenteil (D) mit Stecknadeln so an das Polster stecken, dass es 5 cm über Vorder- und Oberkante hinausreicht. An das Vorderteil der Lehne (A) und an den Sitz (C) stecken; 7,5-15 cm an beiden Seiten zum Einschieben zwischen die Polster berücksichtigen; Nahtzugabe zurückschneiden. Am Vorderteil der Lehne (A) die Nahtzugabe einschneiden, wo das Teil an der vorderen Oberkante der Lehne einen rechten Winkel bildet. Nahtzugabe des Armlehneninnenteils (D) einschneiden, wo es mit dem Lehneninnenteil (A) und mit dem Sitz (C) zusammentrifft. An der anderen Seite wiederholen.

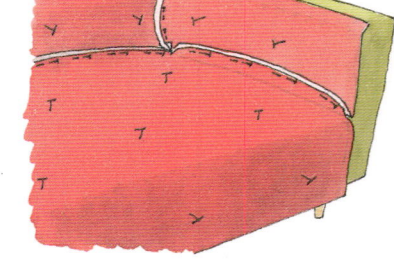

5 Armlehnenaußenteil (E) mit Stecknadeln feststecken; an allen Kanten 5 cm überstehen lassen. Beim Anstecken sicherstellen, dass der Fadenlauf senkrecht verläuft. An das Rückenteil der Lehne (B) stecken und die Nahtzugabe des Armlehnenaußenteils (E) an der oberen hinteren Ecke einschneiden; Nahtzugabe zurückschneiden. An der anderen Seite wiederholen.

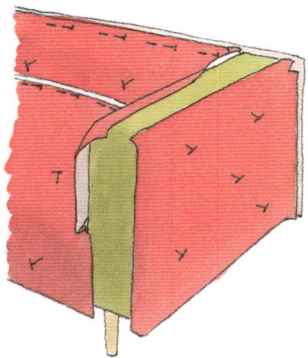

MODERNER SOFABEZUG 25

6 Den Armlehneneinsatzstreifen (F) an der Oberseite der Armlehne feststecken und über der Stirnfläche des Sofas glatt streichen. Entlang der Ober- und der Vorderkante an das Armlehneninnenteil (D) und -außenteil (E) stecken. Die Nahtzugaben zurückschneiden und (F) an den vorderen Ecken einschneiden.

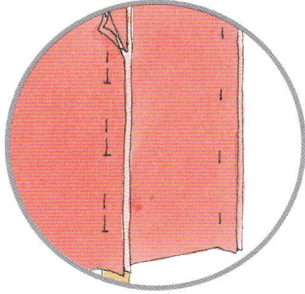

7 Die Nahtzugabe des Sitzes (C) an der vorderen Ecke einschneiden. Den unteren Teil des Einsatzstreifens (F) am vertikal verlaufenden Teil des Sitzes (C) feststecken; die Nahtzugabe zurückschneiden. Schritt 6 und 7 an der anderen Seite der Armlehne wiederholen.

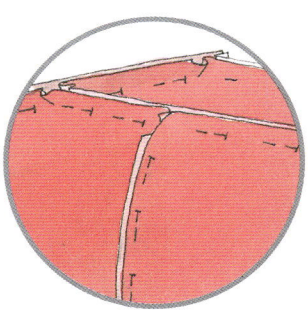

8 Hinter dem Einschnitt den Einsatzstreifen (F) an den horizontalen Teil des Lehnenvorderteils (A) stecken; Nahtzugabe zurückschneiden. Den Streifen (F) an das Rückenteil (B) stecken und die Nahtzugaben zurückschneiden. An der anderen Seite wiederholen.

9 Mit Schneiderkreide die Nahtlinien auf der linken Seite anzeichnen. Die Stecknadeln vom Sofa entfernen. Bis auf die oberen 5 cm die Stecknadeln aus den Nähten an der Sofarückseite entfernen. Den Bezug vom Sofa nehmen. Mit einem Lineal die Nahtlinien begradigen, den Bezug dabei nicht verkleinern. Die Nahtzugaben an den beiden Rückennähten (und der Unterkante) auf 2,5 cm zurückschneiden, alle anderen auf 1,5 cm.

10 Abschnittsweise die Stecknadeln aus den Nähten entfernen und die Teile sofort wieder rechts auf rechts zusammenstecken. Die Passform des Bezugs am Sofa überprüfen, dabei die Einschübe zwischen die Polster stecken.

11 Die Nähte bis auf 1,5 cm vor den Enden steppen, in die Ecken entweder hineinnähen oder die Arbeit mit der Nadel im Stoff drehen. Von den Rückennähten nur die oberen 5 cm nähen, da hier die Reißverschlüsse eingesetzt werden (siehe Schritt 13). Die fertigen Nähte versäubern und auseinander bügeln.

12 Den Bezug wieder über das Sofa streifen und die Unterkante bis auf 1,5 cm zurückschneiden. Den Bezug wieder abnehmen. Aus Stoffresten Streifen zur Verankerung auf der Möbelunterseite herstellen und diese an die Unterkanten zwischen den Sofabeinen ansetzen. Neben den Beinen die Nahtzugabe einschneiden, dann oberhalb der Beine einen doppelten Saum umfalten; von Hand nähen. An den Verankerungsstreifen und der Sofaunterseite Klettband anbringen.

13 Je einen Reißverschluss in die beiden offenen Rückennähte einfügen. Den Bezug über das Sofa streifen und die Reißverschlüsse schließen. Die Polstereinschübe einstecken und den Klettverschluss an der Sofaunterseite schließen.

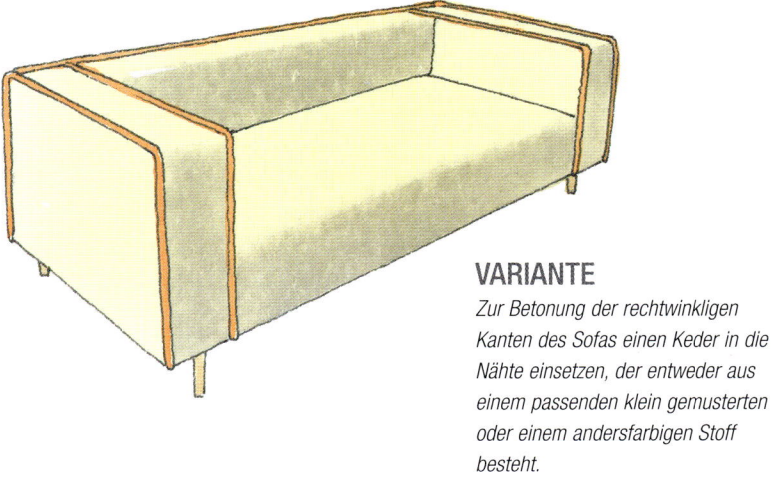

VARIANTE
Zur Betonung der rechtwinkligen Kanten des Sofas einen Keder in die Nähte einsetzen, der entweder aus einem passenden klein gemusterten oder einem andersfarbigen Stoff besteht.

ÜBERZUG FÜR EINEN LEHNSTUHL

Es ist kaum erkennbar, dass es sich hier um einen Überzug handelt und nicht um die Originalpolsterung. Das Geheimnis für eine perfekte Passform sind die unsichtbaren Polstereinschübe und die Verankerung an der Möbelunterseite.

MATERIALIEN

Dekorationsstoff
Passendes Garn
Kederschnur, 5 mm dick
Fransenbesatz mit Metallperlen
Klettband zum Aufnähen und -kleben (wahlweise)
Polsterreißverschluss

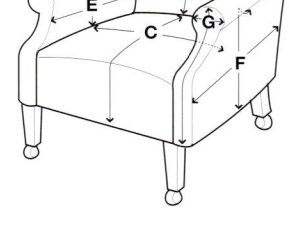

NÄHTECHNIKEN

Anpassen der Stoffteile (Seite 102)
Polstereinschübe (Seite 114)
Ecken (Seite 106)
Keder (Seite 120)
Reißverschlüsse (Seite 112)
Verankerung an der Möbelunterseite (Seite 114) (wahlweise)
Besatz (Seite 116)

ABMESSUNGEN

Alle Strecken zwischen den äußersten Punkten messen, da die Stoffteile in Rechteckform zugeschnitten werden. Vorder- und Rückenteil der Rückenlehne (A und B) können als zusammenhängendes Teil zugeschnitten werden, wenn Strich und Muster des Stoffs keine Richtung vorgeben. Für die Länge des Perlenbesatzes den Sesselumfang plus 7,5 cm rechnen, für die Länge des Reißverschlusses den Abstand von der Oberkante der Stuhlrückseite bis zur Sitzunterkante minus 5 cm.

• Je nach Modell können die oberen Nähte der Rücken- und Armlehne auch am unteren Ansatz der Wölbung liegen statt wie hier auf halber Höhe.

Vorderteil Lehne (A): *Breite:* Rückenlehnenvorderseite plus 10 cm; *Länge:* von der Oberkante der Stuhlrückseite bis zum Sitz plus 25,5 cm.

Rückenteil Lehne (B): *Breite:* Rückenlehne hinten plus 10 cm; *Länge:* Oberkante der Rückenlehne bis Sitzunterkante plus 10 cm.

Sitz (C): *Breite:* Sitzbreite plus 40,5 cm; *Länge:* von der Vorderseite der Rückenlehne über Sitzvorderkante bis Sitzunterkante plus 25,5 cm.

Seitenblende Rückenlehne (D): *Breite:* Abstand zwischen Vorder- und Rückseite der Rückenlehne plus 10 cm; *Länge:* Oberkante Rückenlehne bis Armlehne plus 10 cm.

Armlehne innen (E): *Breite:* Armlehnenvorderkante bis Vorderseite Rückenlehne plus 28 cm; *Länge:* Oberkante Armlehne außen über Armlehne und hinunter zum Sitz plus 25,5 cm.

Armlehne außen (F): *Breite:* Abstand von Stirnblende bis Rückenlehne plus 10 cm; *Länge:* Armlehnenoberseite bis Sitzunterkante plus 10 cm.

Stirnblende Armlehne (G): *Breite:* Stirnseite plus 10 cm; *Länge:* Armlehnenoberkante bis Sitzunterkante plus 10 cm.

Schrägband (H): *Breite:* 5 cm; *Länge:* 2 x Umfang von Seitenblende (D) und Stirnblende (G) plus 2 x Abstand von Vorderseite Rückenlehne bis Armlehnenvorderkante plus 20,5 cm.

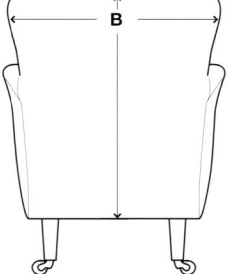

STOFFVERBRAUCH

Für einen Sessel von B 50 x H 90 cm benötigen Sie bei 140 cm Stoffbreite 3,60 m plus 4 x den Musterrapport.

ZUSCHNITT

1 x A, 1 x B, 1 x C, 2 x D, 2 x E, 2 x F, 2 x G zuschneiden, dabei darauf achten, dass das Muster (oder ggf. der Strich) von oben nach unten bzw. von hinten nach vorn verläuft. Gleichfalls auf den Musteranschluss achten. Die Teile durch die Buchstaben kennzeichnen.

Aus dem gleichen oder aus kontrastierendem Stoff für 1 x H zum Einfassen der Nähte Schrägstreifen zuschneiden und zusammennähen.

Wichtig: Da dieser Bezug eng anliegt, müssen alle Stoffteile mit der rechten Seite nach oben auf den Sessel gelegt werden. Zuerst werden die Nähte links auf links gesteckt, in Schritt 10 dann rechts auf rechts. Sobald eine Naht gesteckt ist, die Nahtzugabe auf 2,5 cm zurückschneiden, erst später auf ihre endgültige Breite von 1,5 cm.

Zuschnittplan bei Stoffbreite von 140 cm

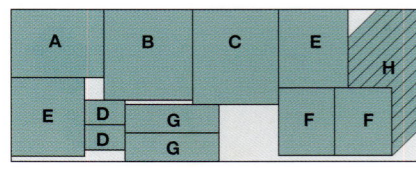

1 Genügend Keder anfertigen zum Einfassen der Blenden an der Rücken- und Armlehne sowie der Naht entlang der Armlehne. Mit Stecknadeln die Mitte an Vorder- und Rückseite der Rückenlehne und am Sesselsitz markieren sowie an den Stoffteilen für Vorder- und Rückseite der Lehne (A und B) und Sitz (C).

2 Vorderteil der Lehne (A) so auf den Sessel legen, dass die Mitten übereinstimmen. Mitte auf Mitte das Rückenteil der Lehne (B) so an (A) stecken, dass die Naht entlang der hinteren Oberkante der Lehne verläuft; Nahtzugabe kürzen. (A) über dem Sessel glatt streichen und mit Stecknadeln daran feststecken. Mit (B) ebenso verfahren.

5 Außenteil der Armlehne (F) an Armlehne und Sesselseite mit Stecknadeln fixieren, dabei darauf achten, dass die Richtung des Stoffes genau senkrecht verläuft. (F) an das Armlehneninnenteil (E) und an das Rückenteil der Rückenlehne (B) stecken; Nahtzugaben kürzen. Auf der anderen Seite wiederholen.

6 Mit Anstecknadeln Stirnblende der Armlehne (G) an die Front der Armlehne und an das Innenteil der Armlehne (E) stecken, dabei ggf. an der Vorderkante von (E) die Weite mit Fältchen einhalten. An Außenteil der Armlehne (F) stecken. Nahtzugaben kürzen und an Rundungen einschneiden. Die andere Seite ebenso arbeiten.

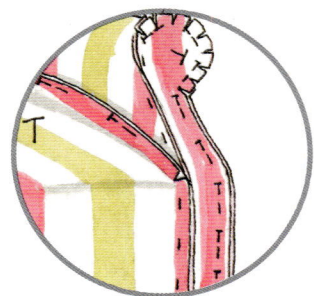

7 Nahtzugabe von Sitz (C) an beiden vorderen Ecken einschneiden. Stirnblende Armlehne (G) wie abgebildet an (C) stecken. Die Unterkanten von Armlehnenaußenteil (F), Stirnblende (G), Sitz (C) und Rückenteil Rückenlehne (B) auf 2,5 cm unterhalb der Sitzunterkante zurückschneiden.

3 Stoffteil für den Sitz (C) auf den Sessel legen. (C) Mitte auf Mitte an Vorderteil der Lehne (A) stecken, dabei 7,5-15 cm zum Einstecken zwischen den Polstern berücksichtigen; Nahtzugabe kürzen. Stoff über Sitzfläche und Sitzvorderseite glatt streichen, mit Anstecknadeln feststecken.

4 Innenteil der Armlehne (E) auf die Armlehne legen. Entlang der Oberseite feststecken, glatt streichen und am unteren Rand mit Stecknadeln feststecken. An Sitz (C) und Vorderteil der Lehne (A) stecken, dabei an beiden Nähten 7,5-15 cm zum Einstecken zwischen die Polster berücksichtigen; Nahtzugaben kürzen. Nahtzugabe von (E) dort einschneiden, wo (A) und (C) aneinander stoßen. Auf der anderen Seite wiederholen.

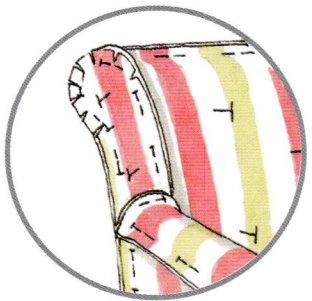

8 Seitenblende (D) an der Seite der Rückenlehne mit Anstecknadeln fixieren. An Vorder- und Rückenteil der Lehne (A und B) und Innenteil der Armlehne (E) stecken. Nahtzugaben kürzen und an Rundungen einschneiden. Nahtzugabe des Innenteils (E) einschneiden, wo es mit Vorderteil der Lehne (A) und Seitenblende (D) zusammentrifft. Die andere Seite ebenso arbeiten.

9 Mit Schneiderkreide alle Nahtlinien auf der linken Seite anzeichnen. Die Nadeln entfernen, mit denen der Stoff am Sessel befestigt ist. Aus der rechten Rückennaht die Stecknadeln bis auf die obersten 5 cm entfernen und den Bezug vom Sessel nehmen. Mit einem Lineal alle Linien begradigen, ohne den Bezug dabei zu verkleinern. Nahtzugabe der rechten Rückennaht bei 2,5 cm belassen, alle anderen auf 1,5 cm zurückschneiden.

ÜBERZUG FÜR EINEN LEHNSTUHL

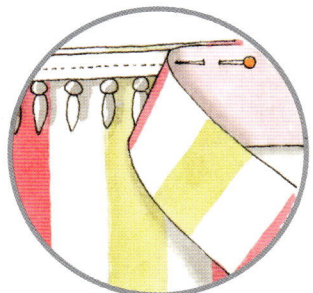

12 Zum Versäubern der Unterkante einen schmalen Saum einschlagen; Perlenbesatz von innen dagegennähen. Soll der Bezug straffer sitzen, Besatz von rechts an die Unterkante steppen und Verstärkungsstreifen zur Verankerung an der Möbelunterseite an die Unterkante ansetzen. Links und rechts neben den Stuhlbeinen Unterkante einschneiden; oberhalb der Beine zu einem schmalen Saum einschlagen. An den Verstärkungsstreifen sowie der Unterseite des Sessels Klettband anbringen.

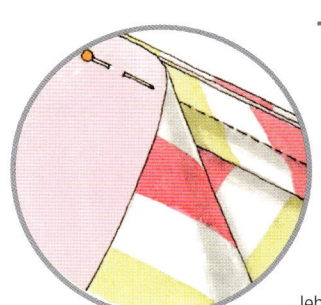

10 Nach und nach abschnittsweise die Stecknadeln entfernen, aber gleich wieder rechts auf rechts zusammenstecken. Dabei jeweils in den Verbindungsnähten zwischen den Seitenblenden (D) und dem Vorder- und Rückenteil der Rückenlehne (A und B), zwischen dem Innen- und Außenteil der Armlehnen (E und F) sowie zwischen den Stirnblenden der Armlehnen (G) und Sitz (C)/Innen-/Außenteil Armlehne (E und F) Keder zwischenfassen. Passform des Bezugs auf dem Sessel überprüfen, dabei Einschübe zwischen die Polster stecken.

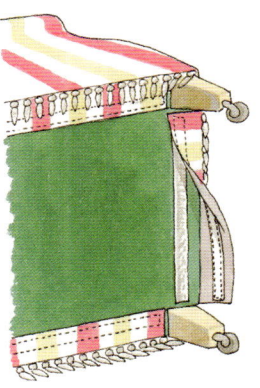

13 Reißverschluss einsetzen. Den Bezug wieder über den Sessel streifen. Reißverschluss schließen, Polstereinschübe zwischen die Polster stecken und ggf. Klettband an der Unterseite des Sessels schließen.

11 Nähte bis auf 1,5 cm an den Enden absteppen, dabei in die Ecken entweder hineinnähen oder die Arbeit mit der Nadel im Stoff drehen. An den Unterkanten die Nähte ganz schließen. Zunächst die Nähte nähen, die in die Kedernähte hineinlaufen, danach diese als fortlaufende Nähte absteppen. Von der rechten Rückennaht nur die obersten 5 cm nähen, da hier der Reißverschluss eingesetzt wird (siehe Schritt 13). Nahtzugaben der fertigen Nähte versäubern, auseinander bügeln und an Rundungen und am Keder einschneiden.

VARIANTE
Statt eines Perlenbesatzes einen Rock mit Kellerfalten an der Unterkante des Bezugs ansetzen.

Küche und Esszimmer

HUSSE MIT KELLERFALTEN FÜR EINEN POLSTERSTUHL

Abnehmbare Bezüge in verschiedenen Farben sind ein herrliches Arrangement fürs Esszimmer. Dieser Entwurf mit seinen geraden Konturen ist die richtige Wahl für Polsterstühle mit gerader Lehne.

MATERIALIEN
Dekorationsstoff
Passendes Garn
Kederschnur, 5 mm dick

NÄHTECHNIKEN
Keder (Seite 120)
Anpassen der Stoffteile (Seite 102)
Formen (Seite 108)
Polstereinschübe (Seite 114)
Ecken (Seite 106)
Kellerfalten (Seite 108)

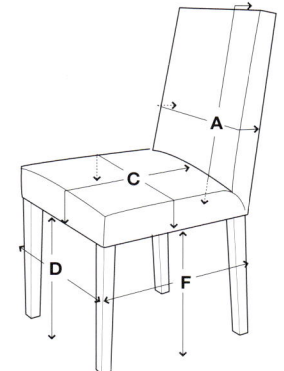

ABMESSUNGEN
Alle Strecken zwischen den äußersten Punkten messen, da die Stoffteile in Rechteckform zugeschnitten werden.
Vorderteil Lehne (A): *Breite:* Rückwärtige Seitenkante über die Vorderfläche bis zur anderen rückwärtigen Seitenkante plus 10 cm; *Länge:* Rückwärtige Oberkante bis Unterkante Sitzfläche plus 25,5 cm.
Rückenteil Lehne (B): *Breite:* Lehnenrückseite plus 10 cm; *Länge:* Oberkante Lehnenrückseite bis Unterkante Sitzfläche plus 10 cm.
Sitz (C): *Breite:* Sitzunterkante auf einer Seite über die Sitzfläche bis zur anderen Unterkante plus 10 cm; *Länge:* Von der Vorderseite der Lehne über die Vorderkante der Sitzfläche bis Unterkante plus 25,5 cm.
Rock vorn (D): *Breite:* Stuhlbreite, gemessen an der Unterkante der Sitzfläche, plus 35,5 cm; *Länge:* Unterkante Sitzfläche bis Fußboden plus 7,5 cm.
Rock hinten (E): *Breite:* Stuhlrückseite, gemessen an der Unterkante der Sitzfläche, plus 35,5 cm; *Länge:* Unterkante Sitzfläche bis Boden plus 7,5 cm.
Rock Seite (F): *Breite:* Stuhlseite, gemessen an der Unterkante der Sitzfläche, plus 35,5 cm; *Länge:* Unterkante Sitzfläche bis Boden plus 7,5 cm.
Schrägstreifen (G): *Breite:* 5 cm; *Länge:* Umfang des Stuhlsitzes plus 10 cm.

STOFFVERBRAUCH
Um einen Stuhl von B 45 x H 95 cm zu beziehen, benötigen Sie bei 140 cm Stoffbreite 3,60 m plus 5 x den Musterrapport.

ZUSCHNITT
1 x A, 1 x B, 1 x C, 1 x D, 1 x E, 2 x F zuschneiden. Dabei darauf achten, dass das Muster (oder ggf. der Strich) von oben nach unten bzw. von hinten nach vorn verläuft; ebenfalls den Musteranschluss beachten. Die Teile durch die Buchstaben kennzeichnen.

Aus dem gleichen Stoff Schrägstreifen für 1 x G zum Einfassen der Nähte zwischen Sitzfläche und Rock zuschneiden und aneinander nähen.

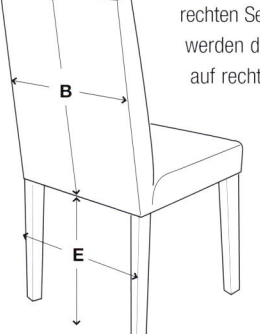

Wichtig: Weil dieser Bezug eng anliegt, müssen alle Stoffteile mit der rechten Seite nach oben auf dem Stuhl ausgelegt werden; zunächst werden die Nähte links auf links gesteckt (in Schritt 8 dann rechts auf rechts). Sobald eine Naht gesteckt ist, werden die Nahtzugaben auf 2,5 cm zurückgeschnitten, später auf 1,5 cm.

1 Genügend Keder zum Einlegen in die Naht zwischen Sitzfläche und Rock herstellen. Mit Stecknadeln die Mitte der Stuhllehne vorne und hinten und der Sitzfläche markieren sowie die Mitte von Lehnenvorderteil (A), Rückenteil (B) und Sitzfläche (C).

2 Das Rückenteil der Lehne (A) mittig an die vordere Stuhllehne legen; Mitte auf Mitte entlang der Oberkante das Vorderteil (A) an das Rückenteil (B) stecken, so dass die Naht an der hinteren Stuhlkante liegt; Nahtzugabe zurückschneiden. An den oberen Ecken des Vorderteils (A) Abnäher stecken.

Zuschnittplan bei Stoffbreite von 140 cm

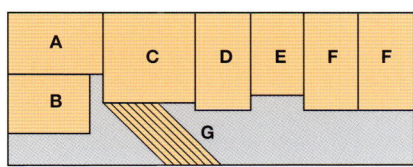

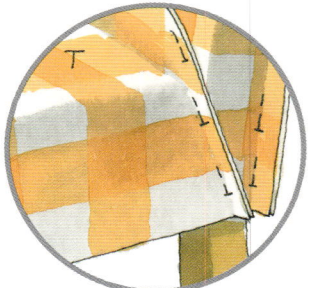

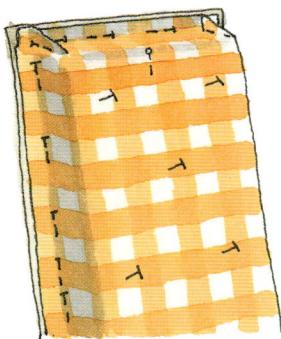

5 Den Seitenabschnitt von Sitz (C) an das Vorderteil der Lehne (A) stecken, dabei eine schräg nach hinten verlaufende Naht bilden. (Alternativ kann diese Naht auch horizontal auf gleicher Höhe mit der Oberkante der Sitzfläche weitergeführt werden). Die Nahtzugabe zurückschneiden.

6 Den Sitz (C) über der Sitzfläche, deren Stirnseite sowie Seiten glatt streichen und mit Stecknadeln daran befestigen. An den vorderen Ecken Abnäher stecken.

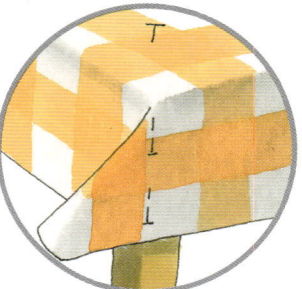

3 Das Vorderteil der Lehne (A) und das Rückenteil (B) über der Lehne glatt streichen und mit Stecknadeln daran befestigen. Das Vorderteil (A) über die Seiten des Stuhls streichen und so am Rückenteil (B) feststecken, dass die Nähte an den Kanten der Rückenlehne liegen. Nahtzugaben zurückschneiden.

7 Auf der linken Seite mit Schneiderkreide die Nahtlinien und Abnäher anzeichnen. Die Stecknadeln, die den Stoff am Stuhl fixieren, entfernen und den Bezug abnehmen. Mit einem Lineal die Nahtlinien begradigen, dabei den Bezug nicht verkleinern. Die Nahtzugaben auf 1,5 cm kürzen.

8 Abschnitt für Abschnitt die Stecknadeln entfernen und die Teile rechts auf rechts zusammenstecken. Die Passform des Bezugs am Stuhl überprüfen, dabei die Einschübe zwischen die Polster stecken. Die Unterkante so weit zurückschneiden, dass sie 1,5 cm unterhalb der Sitzunterkante endet. Den Bezug erneut abnehmen.

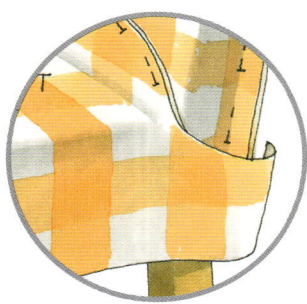

4 Den Sitz (C) auf den Stuhl legen und mittig an das Vorderteil der Lehne (A) stecken; dabei zum Einschieben zwischen die Polster 7,5-15 cm berücksichtigen; zu den Rändern hin auslaufen lassen; Nahtzugabe zurückschneiden. An den unteren Ecken der Lehnenvorderseite die Nahtzugaben am Vorderteil (A) und am Sitz (C) einschneiden, damit sich der Stoff glatt um die Ecke legt.

9 Die Nähte steppen, dabei die Enden, außer an der Unterkante, jeweils 1,5 cm offen lassen. In Ecken hineinnähen oder die Arbeit mit der Nadel im Stoff drehen. Die Schnittkanten versäubern und die Nähte auseinander bügeln. Den Keder auf die Schauseite der Bezugsunterkante heften, dabei 1,5 cm Nahtbreite berücksichtigen.

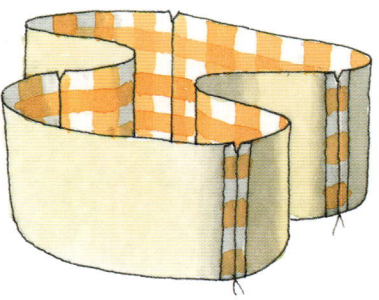

10 Rechts auf rechts mit 1,5 cm Nahtbreite die beiden seitlichen Rockteile (F) an das vordere Rockteil (D) stecken. In gleicher Weise die zweiten Seitenkanten der seitlichen Rockteile (F) an das hintere Rockteil (E) stecken. Die Nähte versäubern und auseinander bügeln.

HUSSE MIT KELLERFALTEN FÜR EINEN POLSTERSTUHL 33

12 Bezug vom Stuhl nehmen. Stecknadeln aus den Ecken entfernen, damit die Falten gearbeitet werden können. Faltenbrüche durch Heftstiche fixieren, dann bügeln und die Stiche entfernen. Falte an ihrer Oberkante mit Heftstichen festnähen und Ecken des Rocks erneut an den Bezug stecken.

13 Rock mit 1,5 cm Nahtbreite an den Bezug nähen. Naht versäubern und bügeln. Den Bezug mit der Schauseite nach außen wieder über den Stuhl streifen. An der Unterkante einen doppelten Saum von 2,5 cm umlegen. Bezug vom Stuhl nehmen, Saum bügeln und von Hand nähen. Den Bezug endgültig über den Stuhl streifen und die Polstereinschübe einstecken.

VARIANTE

Den bodenlangen Rock durch einen gerüschten ersetzen (siehe Seite 121-122). Rückenteil der Lehne aus zwei Teilen herstellen und diese mit einer Knopfleiste verzieren (siehe Seite 111).

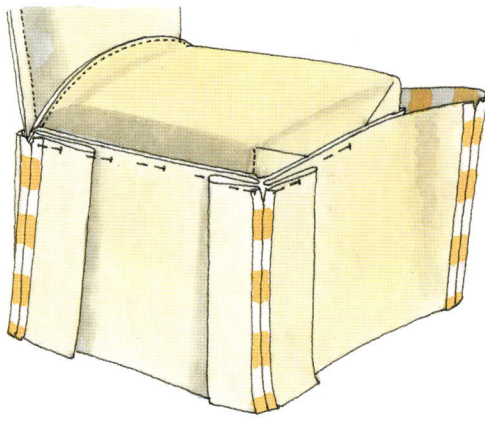

11 Den Bezug mit der linken Seite nach außen über den Stuhl streifen. Rechts auf rechts die Oberkante des Rocks an die Unterkante des Bezugs stecken, die Nähte zwischen den Rockteilen liegen dabei an den Bezugsecken. Den überschüssigen Stoff so in Kellerfalten legen, dass die Naht innen liegt.

KÜCHE UND ESSZIMMER

HUSSE FÜR KLAPPSTÜHLE

Einfache Bezüge lassen bunt zusammengewürfelte Klappstühle einheitlich aussehen. Wählen Sie einen Stoff, der nicht knittert, wenn Sie die Hussen bis zum nächsten Gebrauch verstauen.

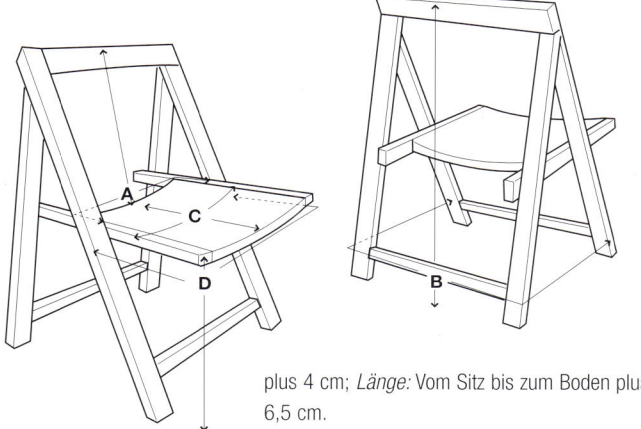

MATERIALIEN
Papier für Schablone
Dekorationsstoff
Passendes Garn
Wäscheband (wahlweise
 – siehe Schritt 7)

NÄH-TECHNIKEN
Schablonen (Seite 101)
Anpassen der Stoffteile
 (Seite 102)
Formen (Seite 108)
Ecken (Seite 106)

ABMESSUNGEN
Alle Strecken zwischen den äußersten Punkten messen, da die Schablone für den Sitz und die Stoffteile für den Rock und das Rückenteil in Rechteckform zugeschnitten werden. Die Maßangaben ergeben am Sitz 1 cm Spiel.
Vorderteil Lehne (A): *Breite:* Von einem Stuhlvorderbein entlang der Rückseite der Sitzfläche zum zweiten Vorderbein plus 10 cm; *Länge:* Stuhloberkante bis hintere Kante der Sitzfläche plus 10 cm.
Rückenteil (B): *Breite:* Von einem Vorderbein um die Hinterbeine herum zum zweiten Vorderbein plus 13 cm; *Länge:* Stuhloberkante bis Boden plus 6,5 cm.
Sitz (C): *Breite:* Sitzfläche plus 4 cm; *Länge:* Sitzfläche des Stuhls von hinten bis vorn plus 4 cm.
Rock (D): *Breite:* Von einem Vorderbein um die Vorderkante des Sitzes herum bis zum zweiten Vorderbein plus 4 cm; *Länge:* Vom Sitz bis zum Boden plus 6,5 cm.

STOFFVERBRAUCH
Für eine Husse für einen Stuhl von B 43 x H 81 cm benötigen Sie bei Stoffbreite von 140 cm 2 m Stoff plus 2 x den Musterrapport.

ZUSCHNITT
Mithilfe der Schablone (siehe Schritt 1) zunächst 1 x C zuschneiden, dann 1 x A, 1 x B, 1 x D. Dabei darauf achten, dass das Muster (oder ggf. der Strich) von oben nach unten bzw. von hinten nach vorn verläuft. Ebenfalls auf den Musteranschluss achten. Alle Teile durch die Buchstaben kennzeichnen.

Wichtig: Weil dieser Bezug locker sitzt, können alle Stoffteile mit der linken Seite nach oben auf dem Stuhl ausgelegt werden, so dass die Nähte gleich rechts auf rechts gesteckt werden können. Die Nahtzugaben werden auf 2,5 cm zurückgeschnitten, sobald eine Naht gesteckt ist; später wird jede Nahtzugabe nochmals auf 1,5 cm gekürzt.

1 Aus Papier in der entsprechenden Größe das Rechteck für den Sitz (C) schneiden. Die Schablone am Stuhl in Form schneiden, dabei an allen Kanten 2 cm zugeben. Mit dieser Schablone das Stoffteil für den Sitz (C) zuschneiden.

Zuschnittplan bei Stoffbreite von 140 cm

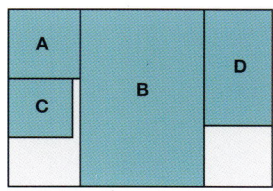

2 Mit Kreide an der hinteren Kante des Stuhlsitzes sowie an der Vorder- und Rückseite der Stuhloberkante den Mittelpunkt anzeichnen. Mit Stecknadeln jeweils die Mitte von Lehnenvorderteil (A), Rückenteil (B) und Sitz (C) markieren. Das Rückenteil (B) und das Vorderteil der Lehne (A) entlang der Oberkante mittig aneinander stecken.

3 Mitte an Mitte die Unterkante des Lehnenvorderteils (A) zunächst an die Rückenkante des Sitzes (C) stecken und danach bis zu den Vorderbeinen an dessen Seitenkante. Die Nahtzugabe des Vorderteils (A) an den unteren hinteren Ecken einschneiden.

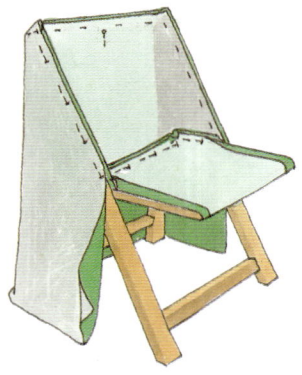

4 An den oberen Ecken des Rückenteils (B) Abnäher stecken, damit sich der Stoff der Form des Stuhls anpasst. Die Seitenkanten des Vorderteils der Lehne (A) und des Rückenteils (B) zusammenstecken, dabei dem Winkel des Stuhlrahmens folgen; den Stoff nicht zu sehr spannen. Die Nahtzugabe zurückschneiden.

5 Die Oberkante des Rocks (D) an die Seiten- und die Vorderkanten des Sitzes (C) stecken; die Nahtzugabe des Rocks (D) an den vorderen Ecken einschneiden.

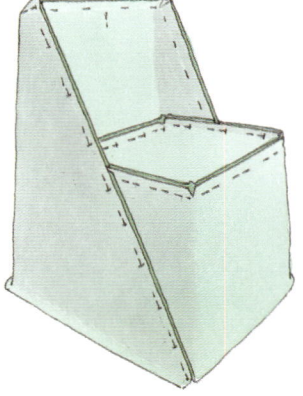

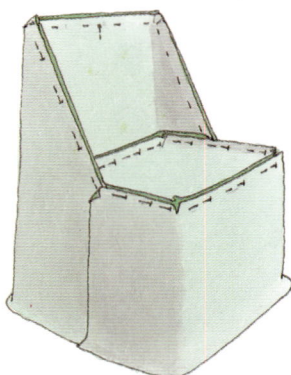

6 An jeder Seite in Höhe des Stuhlsitzes die Nahtzugabe des Lehnenrückenteils (B) einschneiden. Unterhalb dieser Einschnitte die beiden hinteren Kanten des Rocks (D) an die Außenkante des Rückenteils (B) stecken, dabei wiederum dem Winkel des Stuhlrahmens folgen, ohne den Stoff zu straff zu spannen. Nahtzugabe zurückschneiden.

7 Mit Schneiderkreide alle Nahtlinien anzeichnen. Den Bezug vom Stuhl nehmen. Mit einem Lineal die Nahtlinien begradigen, dabei den Bezug nicht verkleinern. Nahtzugaben wo nötig zurückschneiden. Nähte 1,5 cm breit absteppen, dabei an den Enden – außer an der Unterkante – 1,5 cm offen lassen. In die Ecken entweder hineinnähen oder die Arbeit mit der Nadel im Stoff drehen. Nach Wunsch an die Seitennähte von links Stücke eines Wäschebandes ansetzen, um damit den Bezug an den Stuhlbeinen festzubinden. Die Schnittkanten versäubern und die Nahtzugaben auseinander bügeln.

8 Den Bezug über den Stuhl streifen und einen doppelten Saum von 2,5 cm Breite an der Unterkante umlegen. Den Bezug wieder abnehmen, den Saum bügeln und mit der Maschine oder von Hand nähen. Die Husse über den Stuhl streifen und ggf. die Bänder am Stuhlrahmen festbinden.

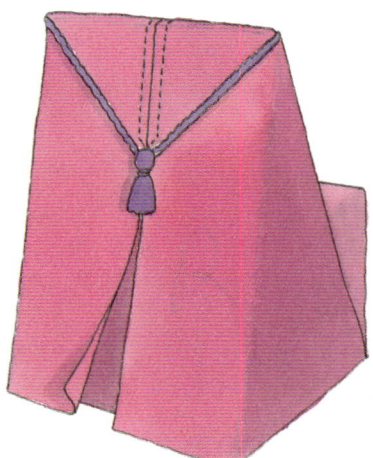

VARIANTE

Den Rücken in der Mitte mit einer Kellerfalte versehen; deren oberen Teil von außen zunähen. An den oberen Ecken des Rückenteils jeweils ein Ende einer dünnen Kordel in die Nähte einfügen. Die Mitte der Kordel zusammen mit einer Troddel genau oberhalb der aufspringenden Kellerfalte festnähen.

KISSEN MIT VOLANT FÜR HOLZSTÜHLE

Hölzerne Esszimmerstühle werden mit Kissen viel bequemer und durch einen Volant mit farblicher Betonung der Nähte elegant genug für jeden Anlass.

MATERIALIEN

Dekorationsstoff (nicht zu dick)
Passendes Garn
Kederschnur, 5 mm dick
Fertig gekauftes Schrägband
Dickes Polyestervlies (siehe Schritt 8)
   oder fertige Kissenfüllung

NÄHTECHNIKEN

Ecken (Seite 106)
Keder (Seite 120)
Kellerfalten (Seite 108)

ABMESSUNGEN

Alle Strecken zwischen den äußersten Punkten messen, da die Stoffteile in Rechteckform zugeschnitten werden. Die Maße ergeben 1 cm Spiel. Die Bänder können auch weggelassen werden.

Sitz (A): *Breite:* Stuhlsitzfläche plus 4 cm; *Länge:* Lehneninnenseite bis Vorderkante Sitzfläche plus 4 cm. Geben Sie etwa 1 cm zu diesen Maßen dazu, wenn Sie eine fertige Kissenfüllung oder zwei Lagen Wattierung statt einer benutzen.

Rock vorn (B): *Breite:* Stuhlsitzfläche an der Vorderkante plus 34,5 cm; *Länge:* 26 cm (bzw. 49 cm bei sehr dünnem Stoff).

Rock hinten (C): *Breite:* Abstand zwischen den beiden Hinterbeinen plus 3 cm; *Länge:* 26 cm plus 2 x Tiefe der Hinterbeine (bzw. 49 cm plus die Tiefe der Hinterbeine bei dünnem Stoff).

Rock Seite (D): *Breite:* Vorderseite Rückenlehne bis Vorderkante Sitzfläche plus 19 cm; *Länge:* 26 cm (bzw. 49 cm bei dünnem Stoff).

Bänder (E): *Breite:* 5 cm; *Länge:* 30,5 cm.

STOFFVERBRAUCH

Für ein Kissen von 40 x 40 cm benötigen Sie bei 140 cm Stoffbreite etwa 1 m mittelschweren Stoff (bzw. bei sehr dünnem Stoff 1,20 m) plus 2 x den Musterrapport.

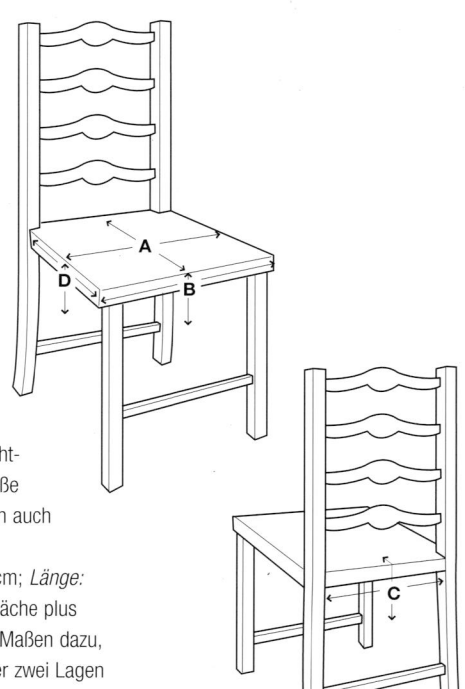

Zuschnittplan bei Stoffbreite von 140 cm

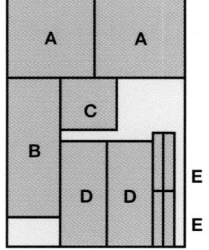

ZUSCHNITT

2 x A, 1 x B, 1 x C, 2 x D und wahlweise 4 x E zuschneiden. Dabei darauf achten, dass das Muster (oder ggf. der Strich) von oben nach unten bzw. von hinten nach vorn verläuft. Bei benachbarten Rockteilen auf den Musteranschluss achten. Die Teile durch die Buchstaben kennzeichnen.

1 Wenn Sie Bänder benutzen wollen, an den beiden langen Kanten und an einem Ende aller Teile (E) 5 mm umbügeln. Links auf links der Länge nach in der Mitte falten, bügeln und steppen.

2 Für den vorderen und seitlichen Teil des Rocks rechts auf rechts und Schnittkante auf Schnittkante eine kurze Kante eines Rockseitenteils (D) an eine kurze Kante des Rockvorderteils (B) stecken. 1,5 cm breit absteppen, dabei an den Enden 1,5 cm offen lassen. Auf der anderen Seite von (B) auf gleiche Weise das zweite Rockseitenteil (D) ansetzen. Nahtzugaben versäubern und auseinander bügeln.

3 An den Endkanten und der Unterkante dieser zusammengesetzten Rockteile sowie am hinteren Rock (C) zunächst 5 mm, dann 1 cm umbügeln und steppen. (Das hintere Rockteil (C) ist länger als der übrige Rock. Damit die Länge stimmt, mit dem Säumen der Unterkante am besten bis Schritt 7 warten.) Wenn der Stoff sehr dünn ist, die Rockteile (B,D,C), die länger geschnitten waren (siehe Abmessungen), rechts auf rechts in der Mitte falten, dann an den Enden 1,5 cm breit absteppen, auf die andere Seite wenden, bügeln und entlang der Oberkante heften.

4 Mithilfe des Schrägbands genügend Keder herstellen, um alle vier Kanten des Kissens einzufassen. Rechts auf rechts den Keder an die Kanten des einen Sitzteils (A) stecken und heften, dabei an den Ecken die Nahtzugabe des Keders einschneiden.

KISSEN MIT VOLANT FÜR HOLZSTÜHLE **39**

5 Wenn Sie Bänder vorsehen, ein Sitzteil (A) auf den Stuhl legen. Rechts auf rechts, Schnittkante auf Schnittkante, die unversäuberten Enden der Bänder zu beiden Seiten der Stuhlbeine an die Rückenkante des Kissens legen. Kissenteil abnehmen und die Bänder an den vorgesehenen Stellen festnähen.

8 Bei Verwendung von Vlies dieses in der Größe des Sitzes (A) zuschneiden. Für zusätzliche Polsterung eine zweite Schicht verwenden. Das zweite Teil für Sitz (A) mit der linken Seite nach oben auf das erste Teil (A) legen; Schnittkanten liegen aneinander. Darauf ggf. Füllmaterial platzieren. Knapp innerhalb der Nahtlinie durch alle Lagen durch stecken und heften. 1,5 cm breit absteppen, in den Ecken die Maschine anhalten. Die Arbeit mit der Nadel im Stoff drehen; an der hinteren Kante eine Öffnung lassen. Innerhalb der Nahtzugabe das Füllmaterial wegschneiden. Nahtzugabe stufenweise zurückschneiden und die Ecken abschrägen.

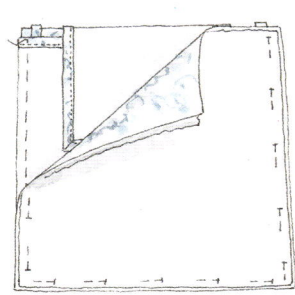

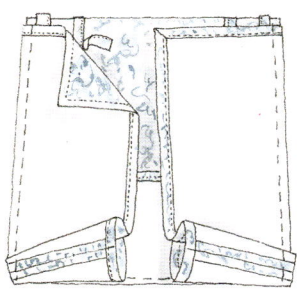

9 Den Kissenbezug auf die rechte Seite wenden und bügeln. Die Nahtzugaben an der Öffnung nach innen umbügeln. Die Öffnung mit der Maschine schließen oder, sofern vorhanden, die fertige Kissenfüllung einlegen und die Öffnung mit Saumstichen schließen. Heftstiche entfernen und die Falten bügeln. Das Kissen auf den Stuhl legen und ggf. die Bänder zu Schleifen binden.

6 Rechts auf rechts, Schnittkante auf Schnittkante das Vorder- und die Seitenteile des Rocks an die Vorder- und Seitenkanten des Sitzes (A) mit dem dazwischen liegenden Keder stecken. Zwischen den gesäumten Endkanten des Rocks und der Rückenkante des Sitzes (A) sollten 1,5 cm Abstand liegen. Die Nähte des Rocks enden genau in den Ecken des Sitzes (A); der überstehende Stoff wird an jeder vorderen Ecke zu einer Kellerfalte gelegt; diese am oberen Ende festheften, dann zu beiden Seiten der gesamten Naht heften; innerhalb der 1,5 cm breiten Nahtzugabe bleiben.

VARIANTE
Statt eines durchgehenden vorderen Rocks mit Eckfalten nähen Sie vier bodenlange Rockteile, wie hier für den separaten hinteren Rock beschrieben (Schritte 3 und 7), und lassen den Keder weg.

7 Rechts auf rechts und Schnittkante auf Schnittkante den hinteren Rock (C) an die hintere Kante des Sitzes (A) stecken. Die gesäumten Enden des hinteren Rocks (C) bilden mit den Kanten der inneren Bänder eine Linie. 1,5 cm breit absteppen. Kissenteil auf den Stuhl legen und, falls noch nicht geschehen, den Saum an der Unterkante des hinteren Rocks (C) so anzeichnen, dass er auf gleicher Höhe mit dem restlichen Rock liegt. Vom Stuhl nehmen und zunächst 5 mm, dann 1 cm umbügeln, dafür ggf. vorher die Nahtzugabe zurückschneiden; steppen.

BODENLANGE TISCHDECKE

Mit einem bodenlangen Kleid verwandeln Sie einen schlichten Tisch in ein elegantes Sideboard oder Buffet. Darunter entsteht praktischer Stauraum. Eine passende Glasplatte wäre eine perfekte Ergänzung.

MATERIALIEN
Dekorationsstoff
Dekorationsstoff in kontrastierender Farbe für die Einfassungen
Passendes Garn

NÄHTECHNIKEN
Schrägstreifen (Seite 116)
Ecken (Seite 106)
Einfassen von Kanten (Seite 118)

ABMESSUNGEN
Die Maßangaben lassen in der Breite 5 mm und in der Länge 1 cm Spiel.
Oberdecke (A): *Breite:* Tischbreite plus 3,5 cm; *Länge:* Tischlänge plus 4 cm.
Vorder-/Rückenteil Rock (B): *Breite:* Tischhöhe plus 1,5 cm; *Länge:* Tischlänge plus 1 cm.
Seitenteil Rock (C): *Breite:* Tischhöhe plus 1,5 cm; *Länge:* Tischbreite plus 5 mm.
Bänder (D): *Breite:* 10 cm; *Länge:* 45,5 cm.
Schrägstreifen (E): *Breite:* 7 cm; *Länge:* 8 x Tischhöhe plus 2 x Tischlänge plus 2 x Tischbreite plus 25,5 cm.

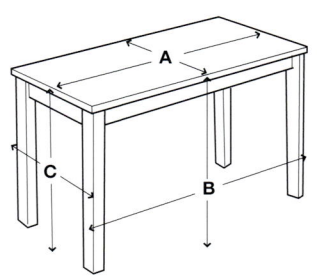

STOFFVERBRAUCH
Für einen Tisch in den Maßen von L 138 x H 80 x B 60 cm benötigen Sie bei 140 cm breitem Stoff 5,50 m Stoff plus 4 x den Musterrapport sowie etwa 90 cm eines farblich abgesetzten Stoffes.

ZUSCHNITT
1 x A, 2 x B, 2 x C, 16 x D aus dem Hauptstoff zuschneiden. Dabei beachten, dass das Muster (oder ggf. der Strich) in gleicher Richtung liegt. Das Muster eines jeden Teils schließt möglichst an das Muster der angrenzenden Teile an. Die Teile durch die Buchstaben kennzeichnen. Aus dem farblich abgesetzten Stoff Schrägstreifen schneiden und aneinander nähen, bis 1 x E zum Einfassen der Kanten entsteht.

• Da keine der einzufassenden Kanten gerundet ist, kann der Streifen auch fadengerade geschnitten werden, wenn dies vom Muster her besser passt.

Zuschnittplan bei Stoffbreite von 140 cm

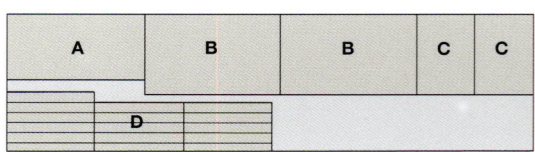 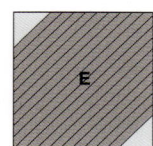

1 Einfassbänder aus dem Schrägstreifen (E) fertigen. Dafür entlang beider Längskanten 1,5 cm einschlagen und den Streifen nicht ganz mittig falten.

2 Rechts auf rechts (Schnittkanten liegen aneinander) die Oberkante des Vorderteils (B) an die vordere Kante der Oberdecke (A) stecken. Im Nahtabstand von 1,5 cm steppen, an den Enden 1,5 cm offen lassen.

BODENLANGE TISCHDECKE 41

3 Die Oberkante des Rückenteils (B) mit der rückwärtigen Kante von (A) zusammennähen wie in Schritt 2.

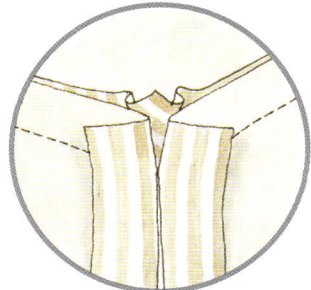

4 Die beiden Seitenteile (C) an die noch offenen Schnittkanten von (A) setzen wie in Schritt 2. Alle Nähte auseinander bügeln. Die Passgenauigkeit der Decke am Tisch überprüfen.

5 Für die Bänder alle Stoffteile (D) rechts auf rechts der Länge nach in der Mitte falten; entlang der Längsseite und an einem Ende eine 1 cm breite Naht heften und nähen. Die Ecke der Nahtzugabe abschneiden. Die Bänder wenden und bügeln.

6 Etwa bei einem Drittel der Höhe ein Band an ein Teil (B) feststecken. Dabei die Teile rechts auf rechts mit den Schnittkanten aneinander legen. 1 cm von der Kante mit Heftstichen fixieren. Im gleichen Abstand ein zweites Band feststecken und -heften. Die nächsten zwei Bänder gegenüber am angrenzenden Seitenteil (C) befestigen. Die verbleibenden Bänder in gleicher Weise an den übrigen vertikalen Kanten fixieren.

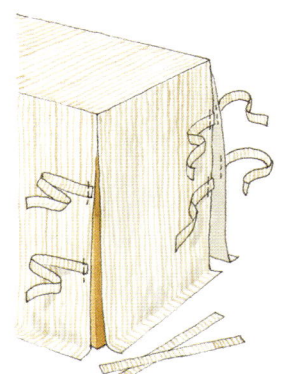

7 Die Decke mit der linken Seite nach oben auf eine ebene Fläche legen, an einer Ecke die Schnittkante des Vorderteils (B) und des benachbarten Seitenteils (C) aneinander legen. Mit 1,5 cm Nahtbreite die Naht von der Schnittkante her schließen, dabei aber keinesfalls in die Oberdecke (A) hineinnähen. Die Ecke an der Oberdecke abschneiden.

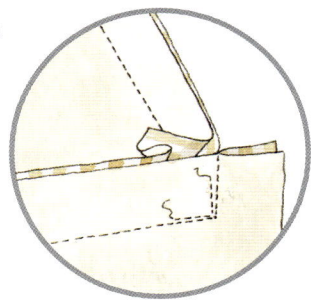

8 Schritt 7 für die anderen drei Ecken wiederholen. Alle vier dieser kurzen Nähte auseinander bügeln.

9 Mit der rechten Seite nach oben die Decke auf eine ebene Fläche legen. Das Schrägband Seite für Seite an den Kanten feststecken. Dabei vorgehen wie auf den Seiten 118 bis 119 beschrieben.

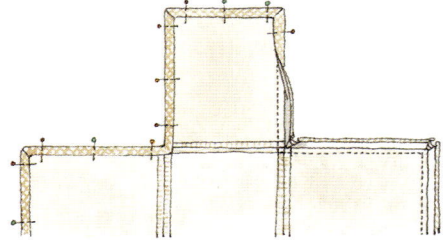

10 Die Seitenkanten und Unterkanten der Decke nacheinander einfassen. Dabei zuerst die schmalere Seite des Bandes auf der rechten Seite des Stoffs aufbringen, dann das Band auf die linke Stoffseite umschlagen und von rechts in der Naht festnähen. Nahtbreite ist 1,5 cm.

11 Die Decke über den Tisch legen und dann die Bänderpaare an den Seiten zu Schleifen binden.

VARIANTE

An den Ecken Kellerfalten nähen mit einem Faltenboden aus dem Stoff, aus dem auch die Bänder sind. Ein Bänderpaar am höchsten Punkt der Falte anbringen. Falten fest einbügeln für akkuraten Look, rund bügeln für weichen Fall.

42 KÜCHE UND ESSZIMMER

POLSTER FÜR HOLZSTUHL MIT GESCHWUNGENER LEHNE

Polsterkissen, die sich auch ungewöhnlichen Formen anpassen lassen, bringen bei Holzstühlen die Eleganz der Form gut zur Geltung.

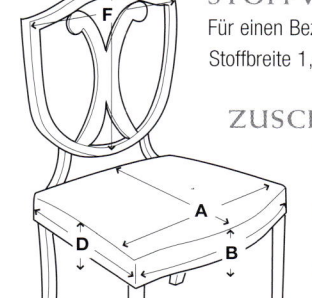

MATERIALIEN
Papier für Schablonen
Dekorationsstoff (nicht schwer oder fest)
Passendes Garn
Kederschnur, 5 mm dick
Fertig gekauftes Schrägband
Polyestervlies (siehe Schritt 1)

NÄHTECHNIKEN
Schablonen (Seite 101)
Ecken (Seite 106)
Keder (Seite 120)
Kellerfalten (Seite 108)

STOFFVERBRAUCH
Für einen Bezug für einen Stuhl von B 50 x H 90 cm benötigen Sie bei 140 cm Stoffbreite 1,40 m Stoff plus 3 x den Musterrapport.

ZUSCHNITT
Mithilfe der Schablonen (siehe Schritt 1) 2 x A und 2 x F zuschneiden. Dazu 1 x B, 1 x C, 2 x D, 16 x E. Dabei darauf achten, dass das Muster (oder ggf. der Strich) von oben nach unten bzw. von hinten nach vorn verläuft. Ebenfalls beachten, dass sich das Muster auf jedem Rockteil an das Muster der angrenzenden Teile anschließt. Alle Teile durch die Buchstaben kennzeichnen.

ABMESSUNGEN
Alle Strecken zwischen den äußersten Punkten messen, da die Schablonen für den Sitz und die Lehne zunächst in Rechteckform zugeschnitten werden. Die Maßangaben ergeben für die Sitzfläche 1 cm Spiel.
• Wenn die Rückseite des Stuhlsitzes mit der Rückseite der Holme in einer Ebene liegt, wie bei dem Stuhl auf Seite 38, addieren Sie die Tiefe der Holme zur Länge des hinteren Rocks (C) und ziehen sie von der Länge des Stoffteils für den Sitz (A) ab.

Sitz (A): *Breite:* Stuhlsitzfläche plus 4 cm; *Länge:* Sitzfläche von hinten nach vorn plus 4 cm.
Rock vorn (B): *Breite:* Sitzfläche an der Front des Stuhls plus 34,5 cm; *Länge:* 13,5 cm.
Rock hinten (C): *Breite:* Abstand zwischen den Innenkanten der Rückenholme plus 3 cm (Zeichnung leider falsch); *Länge:* 13,5 cm.
Rock Seite (D): *Breite:* Sitzfläche von hinten nach vorn plus 19 cm; *Länge:* 13,5 cm.
Band (E): *Breite:* 5 cm; *Länge:* 30,5 cm.
Lehne (F): *Breite:* Stuhlrückenlehne plus 3 cm; *Länge:* Rückenlehne von oben bis unten plus 3 cm.

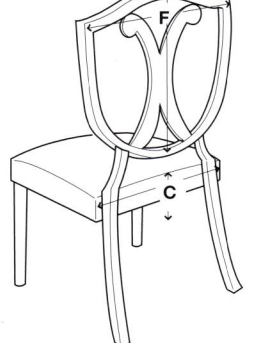

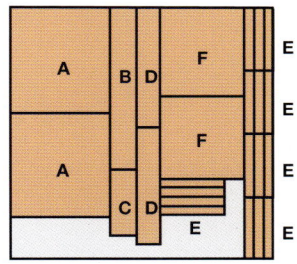

Zuschnittplan bei Stoffbreite von 140 cm

1 Aus Papier Rechtecke in den entsprechenden Größen für den Sitz (A) und die Lehne (F) ausschneiden. Je eine Schablone in der exakten Form der Sitzfläche und der Lehne zurechtschneiden, dabei an allen Kanten 2 cm zugeben. Mithilfe dieser Schablonen die Stoffteile für den Sitz (A) und die Lehne (F) sowie das Wattevlies zuschneiden. Soll der Sitz (A) stark gepolstert sein, zwei Lagen Vlies zuschneiden.

KÜCHE UND ESSZIMMER

2 Mit dem Schrägband genügend Keder zum Einfassen der Kanten des Sitzes (A) und der Lehne (F) anfertigen.

3 An beiden langen Kanten sowie an einem Ende für die Bänder (E) jeweils 5 mm Saum umbiegen. Links auf links der Länge nach in der Mitte falten, bügeln und absteppen. Vier der Bänder sind für den Sitz, 12 für die Lehne.

4 Die Sitzfläche arbeiten wie das Sitzkissen mit Rock für den Holzstuhl auf Seite 38-39 (Schritte 2-9), dabei die Anweisungen für dünnen Stoff in Schritt 3 auslassen.

5 Den Keder rechts auf rechts um die Kanten eines Lehnenteils (F) stecken und heften. Die Nahtzugabe des Keders an den Ecken und Rundungen einschneiden.

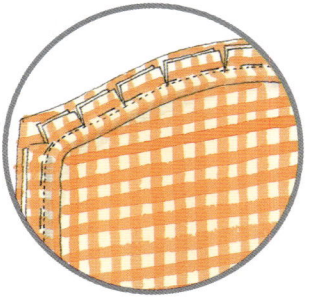

6 Schnittkante auf Schnittkante oben, unten und in der Mitte der Seitenkanten des Lehnenteils (F) Bänderpaare anstecken.

7 Schnittkante auf Schnittkante, mit der rechten Seite nach unten, das zweite Lehnenteil (F) darauf legen, darüber eine Lage Vlies. Zunächst stecken, dann durch alle Lagen hindurch heften. Alle Kanten 1,5 cm breit absteppen; unten eine Öffnung lassen. Vlies innerhalb der Nahtzugabe zurückschneiden, Nahtzugabe stufenweise zurück- und an den Rundungen einschneiden; Ecken abschrägen. Bezug auf die rechte Seite wenden und Öffnung schließen.

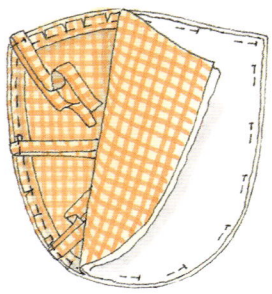

8 Jeweils das untere Band eines jeden Paars von der Kante weg auf die Rückseite umfalzen und von Hand etwa 2,5 cm von der Kante entfernt an die Rückseite nähen, so dass die Bänder schön an die Lehne gebunden werden können. Den Sitzbezug über den Stuhlsitz streifen, das Lehnenpolster an der Lehne festbinden.

VARIANTE

Die Eckfalten weglassen, den Rock am Sitz bis zum Boden verlängern und waagerecht verlaufende Falten am Vorderteil des Rocks einfügen. (Zusätzlichen Stoff dafür einplanen und die Falten auf der rechten Stoffseite legen, bevor der Rock zusammengenäht wird.)

GEKNÖPFTE UND GEPOLSTERTE HUSSE

Maßgeschneiderte Sitzbezüge verleihen Ihren Holzstühlen ein schickes neues Outfit zu einem geringen Preis – und mit der zusätzlichen Polsterung werden die Stühle auch gleich viel bequemer.

KÜCHE UND ESSZIMMER

MATERIALIEN
Papier für Schablonen
Dekorationsstoff
Passendes Garn
Evtl. Futterstoff aus Baumwolle oder Nessel
Evtl. Schaumstoff
Samtband oder Borte
6 Knöpfe

NÄH-TECHNIKEN
Schablonen (Seite 101)
Ecken (Seite 106)

ABMESSUNGEN
Alle Abschnitte zwischen den äußersten Punkten messen, da die Schablonen in Rechteckform zugeschnitten werden. Die Maßangaben ergeben 1 cm Spiel. Für die Länge des Besatzes den Umfang der Sitzfläche plus 7,5 cm rechnen.
Sitz (A): *Breite:* Breite des Stuhlsitzes plus 4 cm; *Länge:* Abstand vom hinteren zum vorderen Ende der Sitzfläche plus 16,5 cm.
Seitenstreifen (B): *Breite:* Abstand vom hinteren zum vorderen Ende der Sitzfläche plus 8,5 cm; *Länge:* 16 cm.
Rückenstreifen (C): *Breite:* Breite des Stuhlsitzes plus 4 cm; *Länge:* 16 cm.

STOFFVERBRAUCH
Um einen Stuhl von 50 cm Breite zu überziehen, benötigen Sie bei einer Stoffbreite von 140 cm mindestens 70 cm Stoff plus 2 x den Musterrapport. Für das Futter (siehe Zuschnitt) wird die gleiche Menge Futterstoff (jedoch ohne Zugabe für den Musterrapport) benötigt.

ZUSCHNITT
Anhand der Schablonen aus dem gewählten Dekostoff (siehe Schritte 1-3) 1 x A, 2 x B (gegengleich) und 1 x C zuschneiden. Dabei darauf achten, dass das Muster (oder ggf. der Strich) von oben nach unten bzw. von hinten nach vorn verläuft. Ebenfalls darauf achten, dass die Muster angrenzender Teile aneinander anschließen. Die Stoffteile durch die Buchstaben kennzeichnen.

Am besten macht sich dieser Überzug mit einem Futter; es geht aber auch ohne (siehe Schritte 8), wobei die Polsterung der Sitzfläche entfällt.

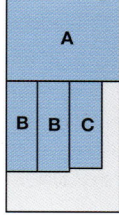

Zuschnittplan bei Stoffbreite von 140 cm

1 Aus Papier Rechtecke in den angegebenen Größen schneiden. Anschließend eine passgenaue Schablone des Stuhlsitzes anfertigen; sie sollte an den Seiten und hinten 2 cm größer sein als der Sitz und vorn 14,5 cm. Vor dem Ausschneiden Rundungen für die Holme mit 1,5 cm Spiel für die Nahtzugabe einzeichnen. Anhand dieser Schablone das Teil für den Sitz (A) aus Dekostoff sowie ggf. aus dem Futterstoff zuschneiden. Wenn der Bezug gepolstert werden soll, in der gleichen Größe den Schaumstoff zuschneiden, allerdings ohne die Erweiterung von 14,5 cm nach vorn.

2 Eine Papierschablone von den Seitenflächen anfertigen. Sie sollte an der Sitzfläche 1,5 cm nach oben überstehen, 2 cm nach vorn und 6,5 cm nach hinten. Vor dem Ausschneiden Rundungen für die Holme mit 1,5 cm Spiel für die Nahtzugabe einzeichnen, so dass die Bögen mit denen an der Schablone für die Sitzfläche zusammentreffen. Mithilfe dieser Schablone aus dem Dekostoff, ggf. auch aus dem Futterstoff, gegengleich die Seitenstreifen (B) zuschneiden.

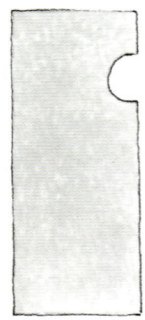

GEKNÖPFTE UND GEPOLSTERTE HUSSE   **47**

3 Die Schablone für den Rückenstreifen fertigen. Sie sollte am Stuhlsitz 1,5 cm nach oben überstehen, an den Seiten 2 cm. Vor dem Ausschneiden Rundungen für die Holme mit 1,5 cm Spiel für die Nahtzugabe einzeichnen, so dass die Bögen mit denen an den anderen Schablonen zusammentreffen und mit ihnen einen Kreis bilden. Anhand dieser Schablone den Rückenstreifen (C) aus dem Dekostoff sowie ggf. aus dem Futterstoff zuschneiden.

4 Rechts auf rechts, wobei die Schnittkanten und Kreisbögen aneinander liegen, einen Seitenstreifen (B) aus Dekostoff mit Stecknadeln an die Seitenkante des Sitzflächenteils (A) stecken. Eine 1,5 cm breite Naht absteppen, dabei 1,5 cm an der Vorderkante offen lassen. Mit dem rechten Seitenstreifen (B) wiederholen.

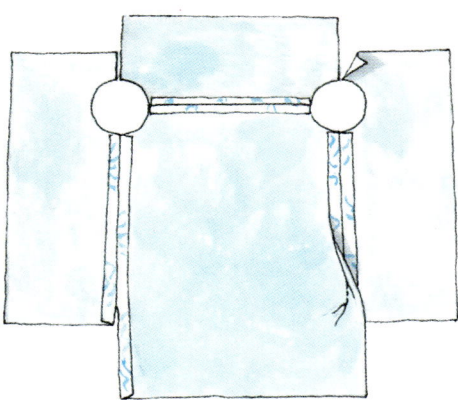

5 Rechts auf rechts, Schnittkanten und Kreisbögen aneinander, den Rückenstreifen (C) aus dem Dekostoff an die hintere Kante des Teils für den Sitz (A) stecken. 1,5 cm breit steppen und alle drei Nähte auseinander bügeln.

6 Rechts auf rechts, Schnittkanten aneinander, eine Seitenkante des nach vorn überstehenden Stücks für die Sitzfläche (A) an die angrenzende kurze Kante des Seitenstreifens (B) stecken wie abgebildet. In der Ecke von Teil (A) die Nahtzugabe einschneiden. Eine 1,5 cm breite Naht steppen. Mit dem anderen Seitenstreifen wiederholen. Die Nähte auseinander bügeln.

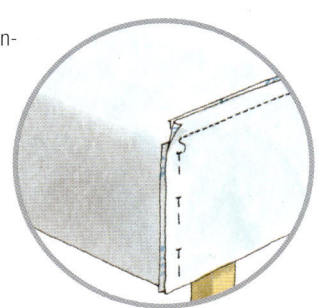

7 Dieser Schritt entfällt, wenn kein Futter vorgesehen ist: Den Schaumstoff von Hand auf die linke Seite des Teils für die Sitzfläche (A) aus dem Futterstoff aufheften, wobei die rückwärtigen Kanten und die Seitenkanten aneinander liegen. Die Schritte 4-6 für das Futter wiederholen.

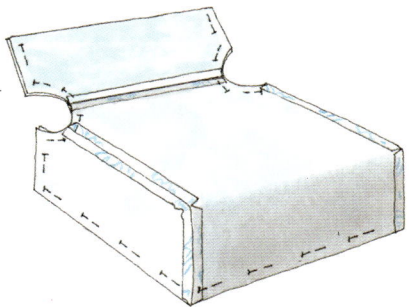

8 Hauptstoff und Futterstoff rechts auf rechts und Nähte und Kanten aneinander legen. Um die Außenkante herum zusammenstecken, ausgenommen die untere Kante des Rückenstreifens (C). 1,5 cm breit absteppen. Die Nahtzugaben an den Seitenkanten von (C) auf 5 mm zurückschneiden. Die Nahtzugaben der gerundeten Kanten einschneiden. Bei der Variante ohne Futter zunächst 5 mm, dann 1 cm an den Außenkanten umbiegen, einschließlich der Unterkante des Rückenstreifens. Die Nahtzugabe an den Rundungen einschneiden und mit der Maschine nähen.

9 Soll der Bezug gefüttert werden, diesen auf die rechte Seite wenden und die Heftfäden entfernen. An den Rückenstreifen (C) von Ober- wie Futterstoff die Unterkanten 1,5 cm nach innen bügeln und absteppen. Bei der ungefütterten Variante unterbleibt dieser Schritt.

10 Entlang der Unterkante des Rückenstreifens Band oder Borte anstecken, dabei die Enden 5 mm unterschlagen. Von rechts knappkantig an beiden Rändern aufsteppen. In gleicher Weise an allen anderen Kanten verfahren. An der Außenseite des Rückenstreifens (C) drei Knopflöcher nähen und passende Knöpfe auf die rückwärtige Verlängerung der Seitenteile (B) setzen. Den Bezug über den Stuhl ziehen und mit den Knöpfen befestigen.

FORMGETREUE POLSTERKISSEN FÜR ESSZIMMERSTÜHLE

Auch bei minimalistischen Stühlen sorgen diese exakt geschnittenen Kissen für ein Maximum an Bequemlichkeit. Sie sind sehr einfach zu nähen.

FORMGETREUE POLSTERKISSEN FÜR ESSZIMMERSTÜHLE

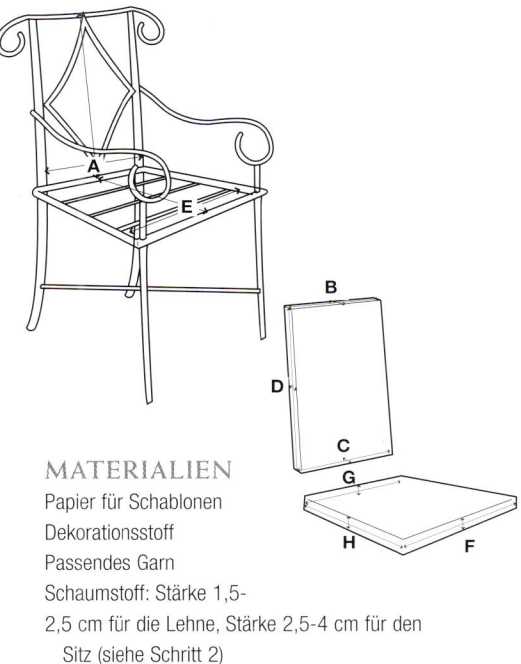

MATERIALIEN
Papier für Schablonen
Dekorationsstoff
Passendes Garn
Schaumstoff: Stärke 1,5-
2,5 cm für die Lehne, Stärke 2,5-4 cm für den
 Sitz (siehe Schritt 2)
Polyestervlies (siehe Schritt 9)

NÄHTECHNIKEN
Schablonen (Seite 101)
Ecken (Seite 106)

ABMESSUNGEN
Alle Strecken zwischen den äußersten Punkten messen, da die Schablonen zunächst in Rechteckform ausgeschnitten werden.

Vorder-/Rückseite des Rückenkissens (A):
Breite: Rückenlehne plus 3 cm; *Länge:* Höhe der Lehne minus Stärke des Schaumstoffs für das Sitzkissen plus 3 cm.

Seitenstreifen oben für Rückenkissen (B):
Breite: Rückenlehne an der Oberkante plus 3 cm; *Länge:* Stärke des Schaumstoffs für das Rückenkissen plus 3 cm.

Seitenstreifen unten für Rückenkissen (C):
Breite: Rückenlehne an der Unterkante plus 3 cm; *Länge:* Stärke des Schaumstoffs für das Rückenkissen plus 3 cm.

Seitenstreifen Mitte für Rückenkissen (D):
Breite: Stärke des Schaumstoffs für das Rückenkissen plus 3 cm; *Länge:* Höhe der Lehne minus Stärke des Schaumstoffs für das Sitzkissen plus 3 cm.

Zuschnittplan bei Stoffbreite von 140 cm

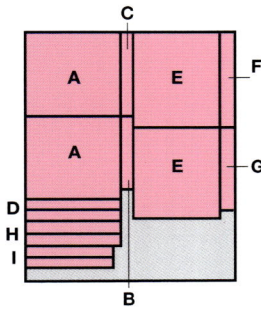

Ober-/Unterseite Sitzkissen (E): *Breite:* Sitzfläche plus 3 cm; *Länge:* Sitzfläche von hinten nach vorn plus 3 cm.
Seitenstreifen vorn für Sitzkissen (F): *Breite:* Sitzfläche an der Vorderkante plus 3 cm; *Länge:* Stärke des Schaumstoffs für das Sitzkissen plus 3 cm.
Seitenstreifen hinten für Sitzkissen (G): *Breite:* Sitzfläche an der Rückenkante plus 3 cm; *Länge:* Stärke des Schaumstoffs für das Sitzkissen plus 3 cm.
Seitenstreifen Mitte für Sitzkissen (H): *Breite:* Stärke des Schaumstoffs für das Sitzkissen plus 3 cm; *Länge:* Stuhlsitz von vorn bis hinten plus 3 cm.
Bänder (I): *Breite:* 5 cm; *Länge:* 45,5 cm.

STOFFVERBRAUCH

Für die Kissen eines Stuhls von B 48 x H 100 cm benötigen Sie bei 140 cm Stoffbreite 1,10 m Stoff plus 3 x den Musterrapport.

ZUSCHNITT

Mithilfe der Schablonen (siehe Schritt 1) 2 x A, 2 x E zuschneiden sowie 1 x B, 1 x C, 2 x D, 1 x F, 1 x G, 2 x H, 2 x I. Dabei darauf achten, dass das Muster (oder ggf. der Strich) von oben nach unten bzw. von hinten nach vorn verläuft. Je nach Geschmack können die Seitenstreifen auch quer zum Fadenlauf geschnitten werden. Auf den Musteranschluss achten. Die Teile durch die Buchstaben kennzeichnen.

1 In den entsprechenden Maßen Rechtecke aus Papier für die Vorder-/Rückseite des Rückenkissens (A) und die Ober-/Unterseite des Sitzkissens (E) schneiden. Die eine Schablone in der exakten Form der Lehne zurechtschneiden, die zweite in der des Sitzes, dabei an allen Kanten 1,5 cm zugeben. Mithilfe dieser Schablonen die Vorder- und Rückseite des Rückenkissens (A) sowie die Ober- und Unterseite des Sitzkissens (E) zuschneiden.

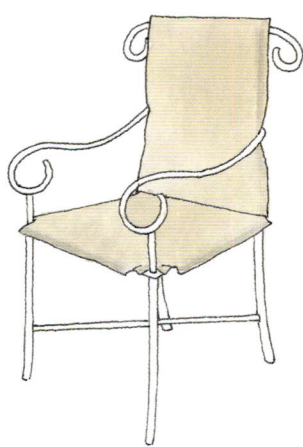

2 Bei allen Schablonen die 1,5 cm für die Nahtzugabe abschneiden und diese veränderten Schablonen für den Zuschnitt des Schaumstoffs verwenden. Am besten lassen Sie den Schaumstoff bereits beim Einkauf nach den Schablonen zuschneiden. Falls dies nicht möglich ist, übertragen Sie mit einem Filzstift die Form der Schablonen auf den Schaumstoff und benutzen Sie zum Schneiden eine Schneiderschere oder ein elektrisches Messer oder Sägemesser, das mit Silikongleitmittel eingesprüht wurde.

3 Für die Bänder an beiden langen Kanten und an beiden Enden jedes Bandes (I) 5 mm umbügeln. Links auf links der Länge nach in der Mitte falten; bügeln und absteppen.

4 Die Bänder quer in der Mitte falten. Von rechts mit 1,5 cm Abstand zu den Seitenkanten an die Oberkante der Rückseite des Rückenkissens (A) heften, der Bruch der Bänder liegt dabei an der oberen Schnittkante.

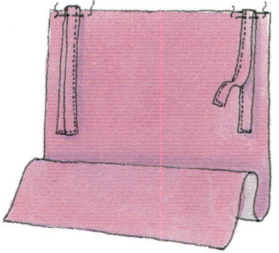

5 Rechts auf rechts, Schnittkante auf Schnittkante und mit 1,5 cm Nahtzugabe die kurzen Enden der Seitenstreifen für das Rückenkissen (B,C und D) zu einer fortlaufenden Schlaufe aneinander stecken. Beim Stecken sicherstellen, dass die Nähte mit den Ecken der Vorder- und Rückseite des Rückenkissens (A) zusammentreffen; dabei die 1,5 cm für die Nahtzugabe berücksichtigen.

FORMGETREUE POLSTERKISSEN FÜR ESSZIMMERSTÜHLE **51**

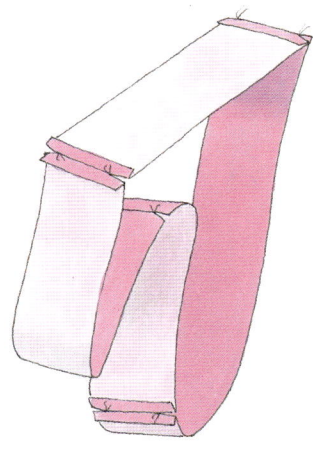

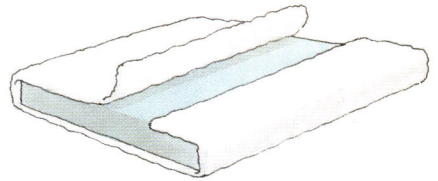

9 Den Schaumstoff mit einer dünnen Lage Wattevlies umwickeln und beides in den Bezug schieben. Die Öffnung mit Saumstichen schließen.

6 Alle gesteckten Nähte bis 1,5 cm vor den Enden absteppen. Anschließend die Nähte auseinander bügeln.

10 Schritte 5-9 mit der Ober- und Unterseite des Sitzkissens (E) und den Seitenstreifen (F, G und H) wiederholen, dabei die Öffnung an die Rückennaht der Sitzkissenunterseite (E) legen. Schließlich das Sitzkissen auf den Stuhl legen und das Rückenkissen an der Lehne festbinden.

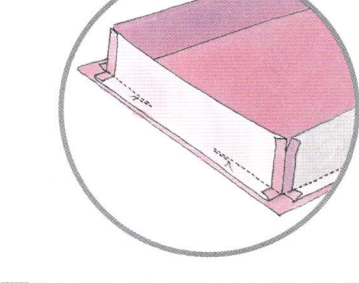

7 Rechts auf rechts und Schnittkante auf Schnittkante die aneinander genähten Seitenstreifen an die Rückseite des Rückenkissens (A) stecken. 1,5 cm breit absteppen, dabei an der Unterkante eine Öffnung lassen.

8 Schritt 7 hinsichtlich der Seitenstreifen und der Vorderseite des Rückenkissens (A) wiederholen; hier keine Öffnung lassen. Die Nahtzugaben zurückschneiden und die Ecken abschrägen; den Bezug auf die rechte Seite wenden und bügeln. An der Öffnung die Nahtzugaben nach innen umbügeln.

VARIANTE

Nach der gleichen Methode, nur breiter, aus etwas dickerem Schaumstoff, mit Keder und zusätzlichen Bändern am oberen Rand und am Sitzkissen, entstehen die Rückenlehne und das Sitzkissen für eine Gartenbank. Das sieht so hübsch aus, dass Sie die Bank genauso gern in den Wintergarten oder ins Schlafzimmer stellen werden.

Wohnzimmer

HUSSE MIT GEBUNDENER RÜCKENFALTE

Mit diesem raffinierten Bezug ist Ihr schlichter Holzstuhl nicht wieder zu erkennen. Der breit gestreifte Stoff schafft einen fröhlich-ungezwungenen Look, an dem die ganze Familie ihre Freude hat. Dieser Bezug ist auch abwandelbar für einen Polsterstuhl.

MATERIALIEN
Dekorationsstoff
Passendes Garn
Stoffrest für Hülle (siehe Schritt 1)

NÄHTECHNIKEN
Mit Hülle arbeiten (Seite 103)
Anpassen der Stoffteile (Seite 102)
Formen (Seite 108)
Ecken (Seite 106)
Kellerfalten (Seite 108)

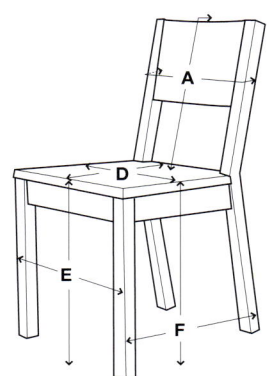

ABMESSUNGEN
Alle Stuhlteile zwischen den äußersten Punkten messen, da die Stoffteile in Rechteckform zugeschnitten werden.

Vorderteil Lehne (A): *Breite:* Rückwärtige Kante eines Holms über die Vorderseite der Lehne bis rückwärtige Kante des zweiten Holms plus 10 cm; *Länge:* Rückseitige Lehnenoberkante bis Sitzfläche plus 10 cm.

Rückenteil Lehne links (B): *Breite:* Halbe Breite der Rückseite der Stuhllehne zwischen den Außenkanten der Holme plus 7,5 cm; *Länge:* Lehnenoberkante bis gewünschte Höhe über dem Boden plus 10 cm.

Rückenteil Lehne rechts (C): wie (B).

Sitz (D): *Breite:* Sitzfläche plus 10 cm; *Länge:* Vorderseite Lehne bis Vorderkante Sitzfläche plus 10 cm.

Rock vorn (E): *Breite:* Abstand zwischen den Außenkanten der Stuhlbeine plus 10 cm; *Länge:* Oberkante Sitzfläche bis gewünschte Höhe über dem Boden plus 7 cm.

Rock Seite (F): *Breite:* Abstand zwischen den Außenkanten der vorderen und hinteren Stuhlbeine plus 10 cm; *Länge:* Oberkante Sitzfläche bis gewünschte Höhe über dem Boden plus 7 cm.

Faltenboden (G): *Breite:* 34 cm; *Länge:* Oberkante Rückenlehne bis gewünschte Höhe über dem Boden plus 10 cm.

Band (H): *Breite:* 4 cm; *Länge:* 45,5 cm.

STOFFVERBRAUCH
Für eine Husse für einen Stuhl von B 50 x H 90 cm benötigen Sie bei einer Stoffbreite von 140 cm mindestens 2,70 m Stoff plus 4 x den Musterrapport.

ZUSCHNITT
1 x A, 1 x B, 1 x C, 1 x D, 1 x E, 2 x F, 1 x G, 2 x H zuschneiden, wobei das Muster (oder ggf. der Strich) von oben nach unten bzw. von hinten nach vorn liegt. Achten Sie auch darauf, dass sich die Muster angrenzender Teile aneinander anschließen. Die Teile durch die Buchstaben kennzeichnen.

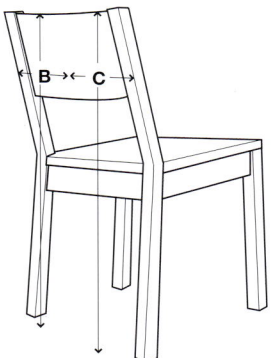

Wichtig: Da dieser Überzug locker sitzt, können alle Schnittteile mit der linken Seite nach oben auf den Stuhl gelegt werden; die Nähte werden rechts auf rechts gesteckt. Die Nahtzugabe sollte auf 2,5 cm zurückgeschnitten werden, sobald die jeweilige Naht zusammengesteckt ist; sie wird zum Schluss auf 1,5 cm gekürzt.

Zuschnittplan bei Stoffbreite von 140 cm

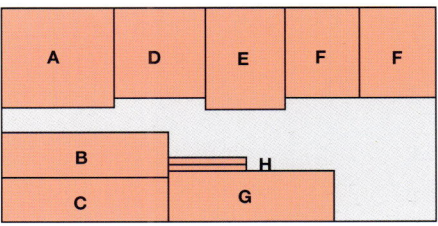

1. Aus einem Stoffrest eine straff sitzende Hülle fertigen, die über die Lehne des Stuhls gezogen wird und an der die Teile der Husse festgesteckt werden.

2. Die Teile für die Bänder (H) an den Längskanten und an einem Ende 5 mm umbügeln. Links auf links der Länge nach in der Mitte falten. Dann bügeln und absteppen.

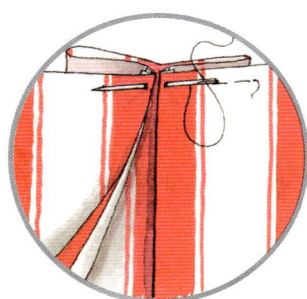

3. Rechts auf rechts, Schnittkanten aneinander, eine Längskante des Faltenbodens (G) an die rechte Längskante des linken Rückenteils (B) stecken und 1,5 cm breit absteppen. Auf gleiche Weise die andere Längskante von (G) an die linke Längskante des rechten Rückenteils (C) nähen. Die Nähte vom Faltenboden (G) weg bügeln. Eine Kellerfalte bilden wie abgebildet. Die Falte bügeln und an der Oberkante durch Heftstiche fixieren.

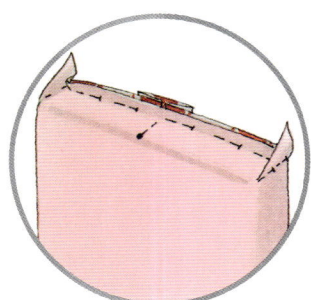

4. Die Mitte der Sitzfläche markieren. An der Hülle die Mitte der Vorder- und Rückseite der Lehne markieren sowie auf den Stoffstücken die Mitte von A und D. Mitte auf Mitte das Rückenteil (B/C) an A stecken, so dass die Naht am hinteren Rand der Stuhloberkante liegt. Die Mitte der Kellerfalte liegt an der Mitte der Rückenlehne. An den oberen Ecken von A Abnäher nähen und zurückschneiden.

5. Vorderteil der Lehne (A) und Rückenteil (B/C) über den Stuhl ziehen und an die Stoffhülle auf der Lehne stecken. Die Seiten des Vorderteils (A) über den Holmen glatt streichen und so an das Rückenteil (B/C) stecken, dass die Nähte an der Hinterkante der Holme liegen. Überschüssiges Material abschneiden. Die Nahtzugabe des Lehnenvorderteils (A) an den unteren Ecken einschneiden.

6. Das Stoffteil für die Sitzfläche (D) auf den Stuhl legen. Mitte auf Mitte an das Vorderteil der Lehne (A) stecken und zurückschneiden.

7. Alle Nahtlinien mit Schneiderkreide anzeichnen. Die Stecknadeln, die den Stoff mit der Hülle verbinden, entfernen und den Bezug vom Stuhl nehmen. Mit einem Lineal die Nahtlinien begradigen; dabei darf der Bezug nicht kleiner werden. Alle Nahtzugaben auf 1,5 cm zurückschneiden. Die Nähte steppen, dabei aber – außer an der Unterkante – 1,5 cm an den jeweiligen Enden offen lassen. In Ecken hineinnähen oder die Arbeit mit der Nadel im Stoff drehen. Schnittkanten versäubern und die Nähte auseinander bügeln.

HUSSE MIT GEBUNDENER RÜCKENFALTE 55

8 Den Bezug mit der rechten Seite nach außen über den Stuhl ziehen. Auf dem Rückenteil (B/C) mit Stecknadeln zu beiden Seiten der Falte die Höhe des Sitzes markieren. Überschüssiges Material am Sitz (D) und den nicht gesteckten Strecken des unteren Lehnenvorderteils (A) bis auf 1,5 cm zurückschneiden. Den vorderen Rock (E) und die seitlichen Rockteile (F) an den Bezug stecken und auch diese Teile bis auf 1,5 cm Nahtzugabe kürzen.

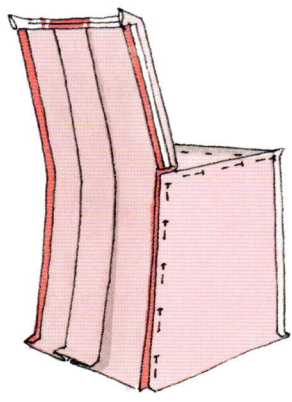

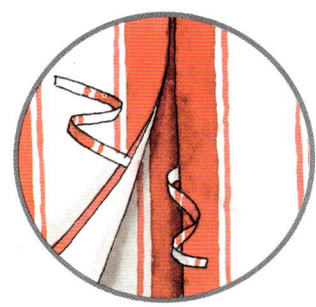

9 Die Stecknadeln aus den Rockteilen (E und F) entfernen und den Bezug vom Stuhl nehmen. In Höhe der in Schritt 8 markierten Stellen die Faltennähte etwa 1,5 cm öffnen. Jeweils das unversäuberte Ende eines Bandes einlegen und die Nähte schließen.

10 Jeweils rechts auf rechts einen seitlichen Rock (F) an die Längsseiten des vorderen Rocks (E) setzen. 1,5 cm breit absteppen, an den oberen Enden 1,5 cm offen lassen. Die Schnittkanten versäubern und die Nähte auseinander bügeln.

11 Den Bezug erneut über den Stuhl streifen, diesmal mit der linken Seite nach außen. Dann rechts auf rechts die Oberkanten der Rockteile (E und F) an das Sitzteil (D) stecken und an die kurze Unterkante des Lehnenvorderteils (A), das um die Seite des Stuhlholms herumgreift. Die beiden vorderen Nähte des Rocks treffen mit den beiden vorderen Ecken des Sitzes (D) zusammen. Die hinteren Kanten des Seitenrocks (F) an die Rückenteile (B/C) stecken.

12 Den Bezug abnehmen, die Nahtzugaben wenn nötig zurückschneiden, 1,5 cm breit absteppen, dabei 1,5 cm an den unteren Enden offen lassen. Die Schnittkanten versäubern und die Nähte auseinander bügeln.

13 Den Bezug über den Stuhl ziehen und einen doppelt gelegten 2,5 cm breiten Saum an der Unterkante umfalten. Erneut den Bezug abnehmen. Den Saum bügeln und mit der Maschine oder von Hand umnähen. Die fertige Husse über den Stuhl ziehen und die Bänder binden.

VARIANTE

Den Bezug mit einer andersfarbigen Paspel versehen und diesen Stoff auch für den Faltenboden verwenden. Aus dem gleichen Stoff anstelle der Bänder zwei spitz zulaufende Riegel herstellen. Dafür vier Rechtecke von 4,5 x 13 cm schneiden und diese paarweise rechts auf rechts zusammennähen. Dabei im 5 mm-Abstand von den Kanten nähen und die Enden spitz zulaufen lassen. Einen Teil der langen Naht offen lassen und durch diese Öffnung die Teile auf die rechte Seite wenden; bügeln und von Hand zunähen. An jedem Ende ein Knopfloch nähen. Vier Knöpfe mit Stoff beziehen und rechts und links von der Falte je zwei übereinander festnähen. Die Riegel an die Husse knöpfen.

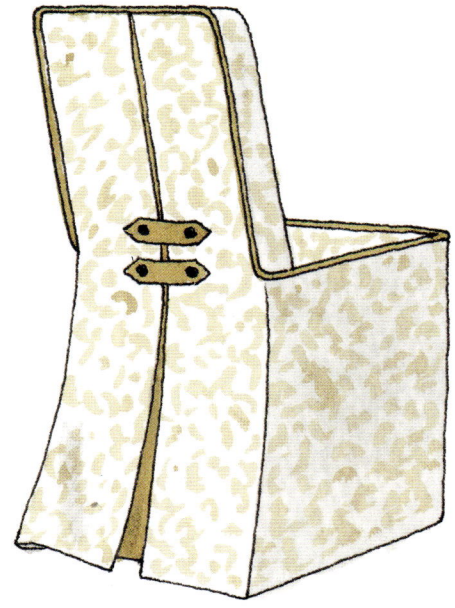

HUSSE MIT DRAPIERTEM ROCK UND SCHLEIFEN

Ihr alter Stuhl gewinnt ganz gewaltig durch diesen raffinierten Bezug, der sich gut im Wohnzimmer ausnimmt. Der Entwurf eignet sich für einen Holzstuhl ebenso wie für einen Polsterstuhl.

MATERIALIEN
Papier für Schablonen
Dekorationsstoff (ohne Strich oder Muster in Längsrichtung)
Dekorationsstoff in Kontrastfarbe für Blende
Passendes Garn

NÄHTECHNIKEN
Schablonen (Seite 101)
Einfassen von Kanten (Seite 118)

ABMESSUNGEN
Alle Strecken zwischen den äußersten Punkten messen, da die Schablone für die Lehne sowie die Stoffteile für den Sitz mit Rock, die Seitenblende wie auch den hinteren Rock zunächst als Rechtecke zugeschnitten werden. Die Maßangaben lassen an der Lehne 5 mm Spiel.

Vorderteil Lehne (A): *Breite:* Stuhlrückenlehne plus 3,5 cm; *Länge:* Oberkante Lehne bis Sitzfläche plus 3,5 cm.

Rückenteil Lehne (B): *Breite:* Rückenlehne plus 3,5 cm; *Länge:* Oberkante Lehne bis Oberkante Sitzfläche plus 3,5 cm.

Seitenblende (C): *Breite:* Tiefe der Lehne plus 3,5 cm; *Länge:* Oberkante Sitzfläche hinauf zur Höhe der Lehne, darüber hinweg und an der anderen Seite der Lehne hinunter bis zur dortigen Oberkante der Sitzfläche plus 4,5 cm.

Sitz mit Rock (D): *Breite:* Sitzfläche plus 2 x die gewünschte Länge des Rocks plus 3 cm; *Länge:* Sitzfläche von hinten bis vorn plus gewünschte Länge des Rocks plus 3 cm.

Rock hinten (E): *Breite:* Vorderkante Rückenlehne um die Außenseite der Rückenlehne herum bis zur Vorderkante auf der anderen Seite plus 3,5 cm; *Länge:* Gewünschte Länge des Rocks plus 3 cm.

Bänder (F): *Breite:* 10 cm; *Länge:* 45,5 cm.

Schrägstreifen (G): *Breite:* 5 cm; *Länge:* Umfang des Stuhls plus 8 x die gewünschte Länge des Rocks plus 6 cm.

HUSSE MIT DRAPIERTEM ROCK UND SCHLEIFEN

Zuschnittplan bei Stoffbreite von 140 cm

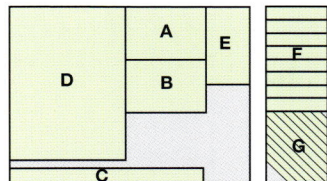

STOFFVERBRAUCH

Für einen Stuhl in den Abmessungen B 48 x H 90 cm benötigen Sie bei Stoffbreite von 140 cm 1,80 m des Hauptstoffs plus 2 x den Musterrapport und etwa 0,50 m des zweiten Dekostoffs.

ZUSCHNITT

Aus dem Hauptstoff mit der Schablone (siehe Schritt 1) 1 x A und 1 x B zuschneiden, außerdem aus dem gleichen Stoff 1 x C, 1 x D, 1 x E. Dabei auf den Musteranschluss der angrenzenden Teile achten. Teile durch die Buchstaben kennzeichnen. 8 x F aus dem zweiten Dekostoff zuschneiden, außerdem für 1 x G zum Einfassen der Kanten des Rocks genug Schrägstreifen zuschneiden und aneinander nähen.
• Weil keine der einzufassenden Kanten gerundet ist, kann der Einfassstreifen (G) auch im Fadenlauf geschnitten werden.

1 Aus Papier ein Rechteck in den entsprechenden Maßen für das Vorderteil der Lehne (A) schneiden. Dieses an die tatsächliche Form anpassen, dabei an allen Kanten 2 cm zugeben. Mit dieser Schablone die Stoffteile für Vorder- und Rückenteil (A und B) zuschneiden.

2 Für die Bänder die Teile (F) rechts auf rechts der Länge nach in der Mitte falten. Die lange Kante und diagonal ein Ende 1 cm breit abstecken und steppen. Die Ecken der Nahtzugaben wegschneiden und die Bänder nach außen wenden; bügeln. Am offenen Ende der Bänder jeweils beide unversäuberten Schnittkanten 5 mm nach innen umbügeln und auf der Schauseite absteppen.

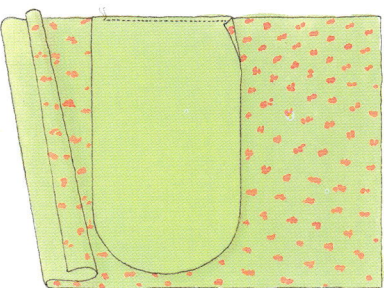

3 Rechts auf rechts die Unterkante des Lehnenvorderteils (A) an die hintere Kante des Sitzes (D) stecken, dabei zu beiden Seiten des Vorderteils (A) gleich viel Stoff überstehen lassen. Die Naht 1,5 cm breit absteppen, dabei an den Enden jeweils 1,5 cm unvernäht lassen. Die Nahtzugaben versäubern und die Naht auseinander bügeln.

4 Das im letzten Schritt genähte Stück des Lehnenvorderteils auseinander klappen. An der Hinterkante des Sitzes (D) zu beiden Seiten der Steppnaht zunächst 5 mm umbügeln und anschließend 1 cm. Von rechts feststeppen.

5 Rechts auf rechts, Schnittkante auf Schnittkante, die lange Kante der Seitenblende (C) mit 1,5 cm Nahtzugabe entlang der Kante des Lehnenrückenteils (B) anstecken. Die Naht bis 1,5 cm vor den Enden steppen. Die Nahtzugaben versäubern, an den Rundungen einschneiden und auseinander bügeln.

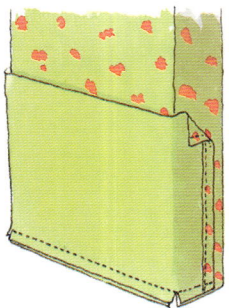

6 An den beiden kurzen Kanten des hinteren Rockteils (E) zunächst 5 mm, dann 1 cm umbügeln und absteppen. Rechts auf rechts die Oberkante von (E) an die Unterkante des Rückenteils der Lehne (B) und der Seitenblende (C) stecken; 1,5 cm breit absteppen. Die Nahtzugabe am Rockteil (E) dort einschneiden, wo die Nähte zwischen Lehnenrückenteil (B) und Seitenblende (C) aufeinander treffen. Die Nahtzugaben versäubern, auseinander bügeln und die entstandene Rückseite des Bezugs auseinander klappen.

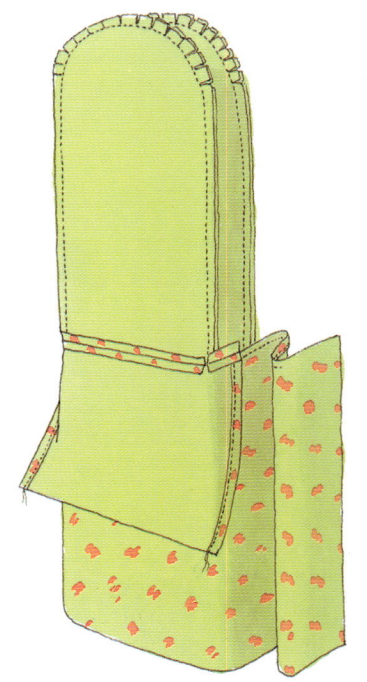

7 Die Rückseite des Bezugs und die Vorderseite rechts auf rechts zusammenlegen. Das Vorderteil der Lehne (A) und die Seitenblende (C) an den Außenkanten zusammenstecken. Das Rockteil von Sitz (D) und den hinteren Rock (E) nicht aneinander stecken, jedoch die Nähte parallel zueinander ausrichten (wie Zeichnung zeigt). Mit 1,5 cm Nahtbreite die gesteckte Naht absteppen. Die Nahtzugaben versäubern, an den Rundungen einschneiden und auseinander bügeln. Den Bezug auf die rechte Seite wenden.

8 Den Bezug über den Stuhl streifen und die Positionen für die Bänder (F) auf der rechten Stoffseite markieren. Je eines an die Seitenkanten des hinteren Rocks (E) setzen und jeweils eines gegenüber an die hinteren Kanten des übrigen Rocks. Die letzten beiden Paare zu beiden Seiten der Stuhlvorderbeine setzen. Den Bezug abnehmen und mit der Hand die nicht abgeschrägten Enden der Bänder an den Bezug nähen.

9 Die Unterkanten beider Rockteile mit dem kontrastfarbenen Schrägband (G) einfassen. Den Bezug über den Stuhl streifen, dabei fällt Teil (D) in Falten über die Vorderbeine des Stuhls. Die Bänder mit großen Schleifen schließen.

BEZUG FÜR EINE BETTCOUCH

Die schlichte, moderne Form dieser Couch verlangt genauso klare Linien bei den kastenförmigen Polstern mit ihren abgerundeten Kanten. Dieser Bezug ist auch ideal für einzelne Sitzmodule.

MATERIALIEN

Dekorationsstoff
Passendes Garn

NÄH-TECHNIKEN

Anpassen der Stoffteile
(Seite 102)
Ecken (Seite 106)

ABMESSUNGEN

Alle Strecken zwischen den äußersten Punkten messen, da die Bezugteile rechteckig zugeschnitten werden. Vor dem Ausmessen der Sitzfläche die Rückenpolster entfernen.

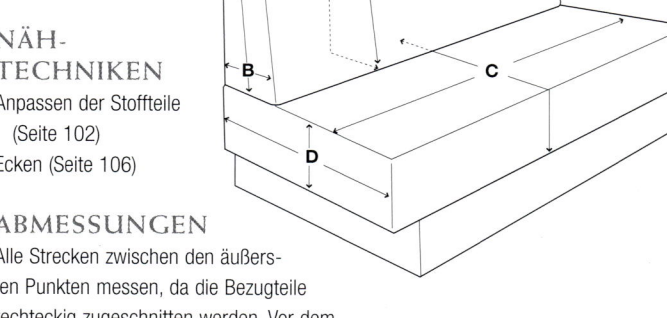

Rückenpolster (A): *Breite:* 2 x Höhe des Rückenpolsters plus 2 x seine Tiefe plus 3 cm; *Länge:* Breite des Rückenpolsters plus 3 cm.

Seitenkeil Rückenpolster (B): *Breite:* Höhe des Rückenpolsters plus 3 cm; *Länge:* Tiefe des Polsters plus 3 cm.

Sitzfläche (C): *Breite:* Sitzpolster von vorn bis hinten plus seine Höhe plus 3 cm; *Länge:* Breite des Sitzpolsters plus 3 cm.

Seitenstreifen Sitz (D): *Breite:* Höhe des Sitzpolsters plus 3 cm; *Länge:* Sitzpolster von vorn bis hinten plus 3 cm.

Zuschnittplan bei Stoffbreite von 140 cm

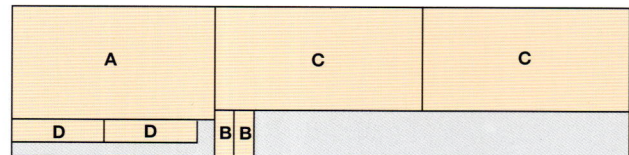

STOFFVERBRAUCH

Um eine Couch von L 180 x T 76 cm zu beziehen, benötigen Sie bei 140 cm breitem Stoff 5,70 m plus 2 x den Musterrapport.

ZUSCHNITT

1 x A, 2 x B, 2 x C, 2 x D zuschneiden.

SITZPOLSTER

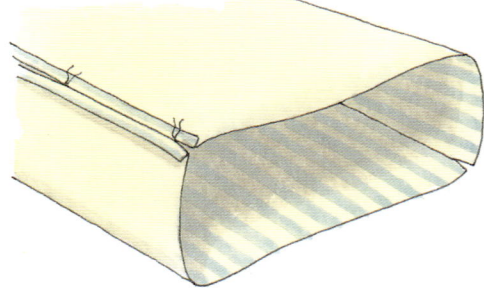

1 Die beiden Teile für die Sitzfläche (C) mit der linken Seite nach außen um das Sitzpolster legen. Die langen Kanten entlang der oberen Rücken- und unteren Vorderkante so zusammenstecken, dass der Bezug straff sitzt. Die Nahtzugaben auf 1,5 cm kürzen. Die Teile abnehmen und beide Nähte absteppen, dabei an den Enden 1,5 cm offen lassen, ebenso eine lange Öffnung in der Rückennaht lassen. Die Nahtzugaben versäubern und auseinander bügeln; dann an der Öffnung nach innen umbügeln.

RÜCKENPOLSTER

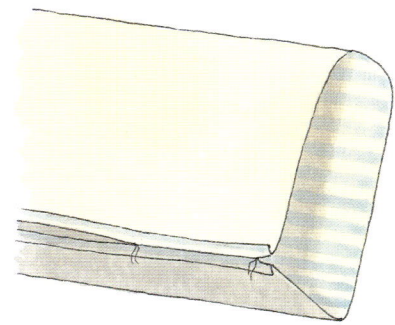

1. Das Rückenpolster (A) mit der linken Seite nach außen so um das Polster legen, dass beide langen Schnittkanten an der hinteren Unterkante liegen; so zusammenstecken, dass der Bezug straff sitzt. Nahtzugaben auf 1,5 cm zurückschneiden. Den Bezug abnehmen und die Naht bis 1,5 cm vor den Enden steppen, dabei in der Naht eine lange Öffnung lassen. Die Nahtzugaben versäubern, auseinander bügeln und an der Öffnung nach innen umbügeln.

2. Das Rückenpolster (A) wieder mit der linken Seite nach außen über das Polster ziehen, die Naht sitzt an der hinteren Unterkante. Den Seitenkeil (B) an einem Ende des Polsters anstecken.

3. Rechts auf rechts, die Schnittkanten liegen aneinander, mit Nahtzugabe von 1,5 cm den Seitenkeil (B) an ein Ende des Hauptteils (A) stecken. Die Naht des Hauptteils (A) liegt an der unteren hinteren Ecke des Seitenkeils (B). In den anderen drei Ecken die Nahtzugabe von (A) einschneiden. Die Nahtzugaben auf 1,5 cm zurückschneiden. Den zweiten Seitenkeil (B) auf die gleiche Art und Weise an das andere Ende des Hauptteils (A) stecken. Die Nähte absteppen.

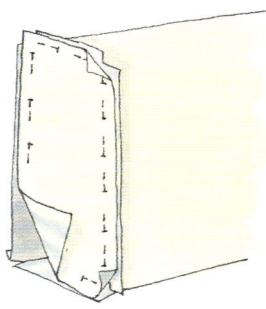

4. Die Nahtzugaben versäubern und auseinander bügeln. Den Bezug auf die rechte Seite wenden, das Rückenpolster einschieben und die Öffnung mit Saumstichen schließen.

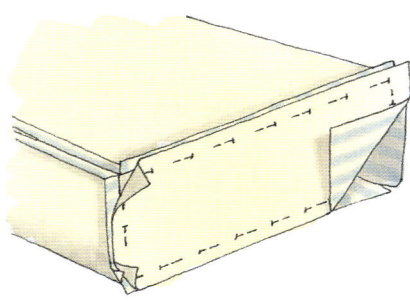

2. Rechts auf rechts und Schnittkante auf Schnittkante die zusammengesetzte Sitzfläche (C) mit 1,5 cm Nahtbreite an einen Seitenstreifen (D) stecken. Die beiden Nähte der Sitzfläche (C) liegen dabei an der unteren vorderen und der oberen hinteren Ecke des Seitenstreifens (D). An den anderen Ecken die Nahtzugaben der Sitzfläche (C) einschneiden. Den zweiten Seitenstreifen (D) auf der anderen Seite auf die gleiche Art und Weise ansetzen.

3. Die Nähte absteppen, die Nahtzugaben versäubern und auseinander bügeln. Den Bezug auf die rechte Seite wenden, das Sitzpolster einschieben und die Öffnung mit Saumstichen schließen.

VARIANTE

Anstelle eines Bezugs mit abgerundeten Kanten an allen vier Seiten Keile oder Seitenstreifen einsetzen und in den Nähten Keder in einer anderen Farbe zwischenfassen.

EINFACHE SESSELHUSSE

Dieser abnehmbare Bezug ist so gestaltet, dass die Rundung der Lehnen nicht durch eine Naht unterbrochen wird. Nähen Sie für mehrere Sessel die Bezüge in verschiedenen Farben, dadurch schaffen Sie eine heitere Atmosphäre.

EINFACHE SESSELHUSSE

MATERIALIEN
Dekorationsstoff (ohne Strich oder
 Muster in Längsrichtung)
Passendes Garn
Polsterreißverschluss

NÄHTECHNIKEN
Anpassen der Stoffteile (Seite 102)
Polstereinschübe (Seite 114)
Ecken (Seite 106)
Reißverschlüsse (Seite 112)

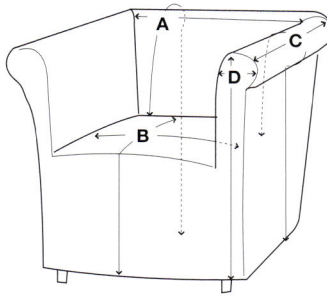

ABMESSUNGEN
Alle Strecken zwischen den äußersten Punkten messen, da die Bezugteile rechteckig zugeschnitten werden. Vorder- und Rückenteil der Lehne bilden hier ein einziges Stück, wie auch die Innen- und Außenteile der Armlehnen. Es ist daher wichtig, dass der Stoff keine Richtung aufweist. Den Reißverschluss 5 cm kürzer wählen als die Strecke von der Sesseloberkante bis zur geplanten Höhe über dem Boden.
Rückenteil (A): *Breite:* Breite des Sessels an der Rückseite außen plus 40,5 cm; *Länge:* Von der Sitzfläche über die Lehne bis über die Oberkante und auf der Rückseite hinunter bis zur gewünschten Höhe über dem Boden plus 25,5 cm.
Sitz (B): *Breite:* Sitzfläche plus 40,5 cm; *Länge:* Sitzfläche von hinten bis vorn und über die Vorderkante hinunter bis zur gewünschten Höhe über dem Boden plus 25,5 cm.
Armlehne (C): *Breite:* Vorderkante Armlehne bis Rückenlehne plus 25,5 cm; *Länge:* Von der Sitzfläche die Armlehne hinauf, über die Rundung hinweg und hinunter bis zur gewünschten Höhe über dem Boden plus 25,5 cm.
Blende Armlehne (D): *Breite:* Breite der Armlehnenstirnseite plus 10 cm; *Länge:* Höchster Punkt der Armlehnenstirnseite bis gewünschte Höhe über dem Boden plus 10 cm.

STOFFVERBRAUCH
Für einen Sessel von B 104 x H 94 benötigen Sie bei 140 cm Stoffbreite 7,40 m plus 4 x den Musterrapport.

Zuschnittplan bei Stoffbreite von 140 cm

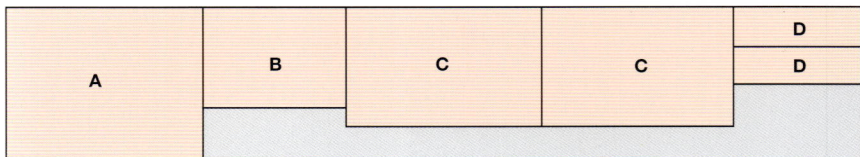

ZUSCHNITT

1 x A, 1 x B, 2 x C, 2 x D zuschneiden. Die Teile durch die Buchstaben kennzeichnen.

Wichtig: Weil dieser Bezug straff sitzt, müssen alle Stoffteile mit der rechten Seite nach oben auf dem Sessel ausgelegt werden. Zunächst werden die Nähte links auf links zusammengesteckt, dann in Schritt 9 geöffnet und rechts auf rechts gesteckt. Sobald eine Naht gesteckt ist, wird die Nahtzugabe auf 2,5 cm zurückgeschnitten, später auf 1,5 cm.

1 Das Rückenteil (A) so über die Sessellehne legen, dass es mittig zwischen den beiden Armlehnen liegt und 5 cm über die gewünschte Unterkante an der Lehnenrückseite hinausreicht. Den Stoff vorne und hinten glatt streichen und mit Stecknadeln fixieren.

2 Den Sitz (B) so auf die Sitzfläche legen, dass das Stoffteil mittig zwischen den Armlehnen liegt und 5 cm über die gewünschte Unterkante an der Sesselvorderseite hinausreicht.

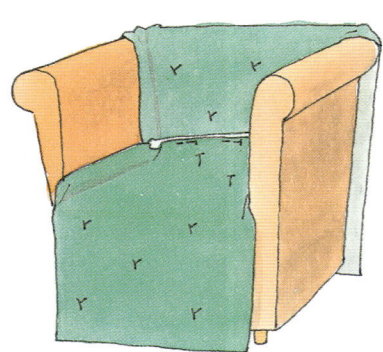

3 Den Sitz (B) an das Rückenteil (A) stecken, dabei 7,5-15 cm zum Einschieben zwischen den Polstern berücksichtigen; die Nahtzugabe zurückschneiden. Den Sitz (B) glatt streichen und mit Stecknadeln feststecken.

4 Ein Armlehnenteil (C) so über die Armlehne legen, dass es 5 cm über die Stirnseite der Armlehne und 5 cm über die gewünschte Unterkante an der Seite hinausreicht. Oben auf der Lehne mit Stecknadeln feststecken, über der Innenfläche glatt streichen und dort ebenfalls feststecken. Auf der anderen Sesselseite wiederholen.

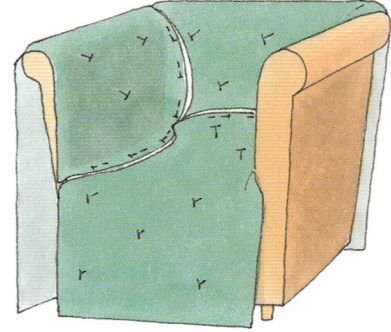

5 Das Teil für die Armlehne (C) an die benachbarte Innenkante des Rückenteils (A) stecken, dabei 7,5-15cm zum Einschieben in die Polster berücksichtigen. Nahtzugabe des Armlehnenteils (C) an dem Punkt einschneiden, wo es mit dem Rückenteil (A) und Sitzteil (B) zusammentrifft. Armlehnenteil (C) an den Sitz (B) stecken, auch hier Polstereinschübe von 7,5-15 cm berücksichtigen. Nahtzugabe zurückschneiden; auf der anderen Sesselseite wiederholen.

6 Das Teil für die Armlehne (C) über der Außenseite der Armlehne glatt streichen und mit Stecknadeln daran fixieren. An die hintere Außenkante des Rückenteils (A) stecken; die Nahtzugabe zurückschneiden und dabei in der Rundung einschneiden. An der Oberkante des Armlehnenteils (C) nahe der hinteren Ecke Abnäher stecken, damit sich der Stoff glatt um die Rundung der Armlehne legt. Auf der anderen Sesselseite wiederholen.

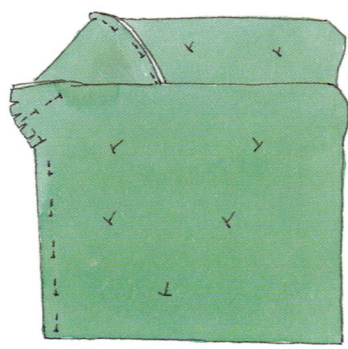

EINFACHE SESSELHUSSE **65**

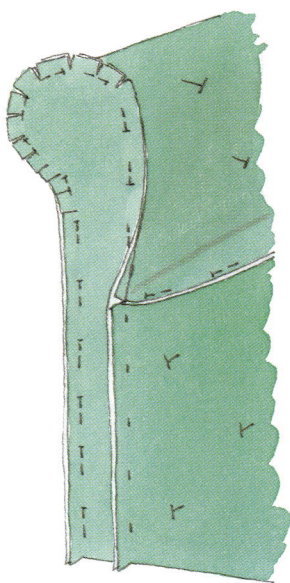

7 Mit Stecknadeln die Armlehnenblende (D) an die Stirnseite der Armlehne stecken. An das Armlehnenteil (C) stecken, dabei, falls nötig, überschüssigen Stoff an der Vorderkante von (C) in kleine Falten legen. Nahtzugabe zurückschneiden und in Rundungen einschneiden. Die Armlehnenblende (D) und die vertikal verlaufende Kante von Sitz (B) zusammenstecken, dabei die Nahtzugabe an der vorderen Ecke von Sitz (B) einschneiden und kürzen. Auf der anderen Sesselseite wiederholen.

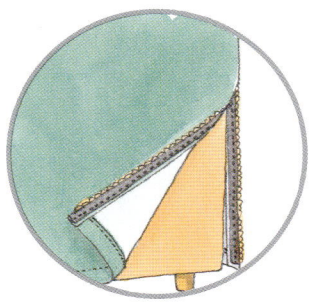

8 Mit Schneiderkreide die Nahtlinien auf der linken Stoffseite anzeichnen. Die Stecknadeln, die den Stoff am Sessel befestigen, entfernen. Die Stecknadeln aus der rechten Naht an der Rückseite der Husse bis auf die letzten 5 cm am oberen Ende herausnehmen und den Bezug vom Sessel nehmen. Mit einem Lineal die Nahtlinien begradigen, ohne dabei den Bezug zu verkleinern. Abgesehen von der Nahtzugabe an der rechten Rückennaht alle Nahtzugaben auf 1,5 cm zurückschneiden.

9 Abschnittsweise die Stecknadeln aus den Nähten entfernen und die Teile sofort wieder rechts auf rechts zusammenstecken. Die Passform der Husse am Sessel überprüfen, dabei die Polstereinschübe einstecken.

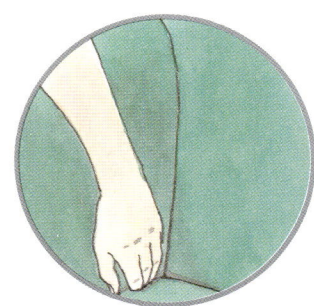

10 Außer an der Unterkante die Nähte absteppen, dabei 1,5 cm an den Enden offen lassen. In Ecken hineinnähen oder dort die Arbeit mit der Nadel im Stoff drehen. Von der rechten Rückennaht nur die oberen 5 cm steppen, darunter wird der Reißverschluss eingesetzt (siehe nächster Schritt). Die Schnittkanten der Steppnähte versäubern und auseinander bügeln. Falls noch nicht geschehen, die Nahtzugaben an Rundungen einschneiden.

11 Den Bezug über den Sessel streifen, einen doppelten Saum von 2,5 cm an der Unterkante umbiegen. Den Bezug abnehmen, den Saum bügeln und von Hand oder per Maschine nähen. Den Reißverschluss in die Rückennaht einfügen, er folgt einem Teil der Rundung an der Oberkante. Die Husse über den Sessel streifen, den Reißverschluss schließen und die Polstereinschübe zwischen die Polster stecken.

VARIANTE

Die Rückseite der Husse wird interessant durch Knöpfe mit einem Schlingenverschluss in einer Kontrastfarbe. Jeweils zwei Schlingen in die seitlichen Rückennähte einfügen. Knöpfe mit dem gleichen Stoff beziehen und im passenden Abstand zu den Schlingen annähen. Mit dem gleichen kontrastfarbenen Stoff die Unterkante der Husse einfassen.

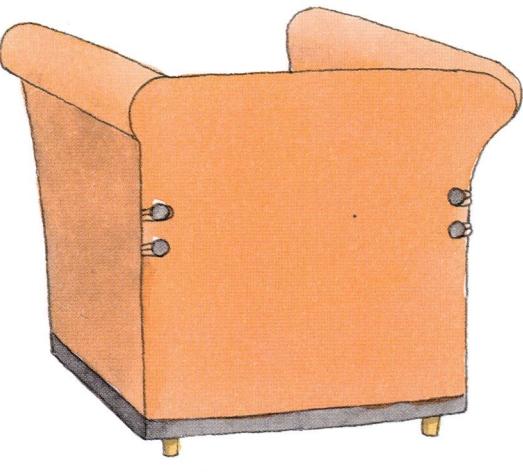

LANGE HUSSE FÜR EINEN REGIESTUHL

Verwandeln Sie einen nicht mehr ansehnlichen oder schlicht langweiligen Regiestuhl in ein elegantes Sitzmöbel, das als leuchtender Farbklecks in jeden Raum gute Laune bringt. Die Husse eignet sich genauso für Sessel oder Sofas in Kastenform.

MATERIALIEN
Dekorationsstoff
Passendes Garn

NÄHTECHNIKEN
Anpassen der Stoffteile (Seite 102)
Ecken (Seite 106)

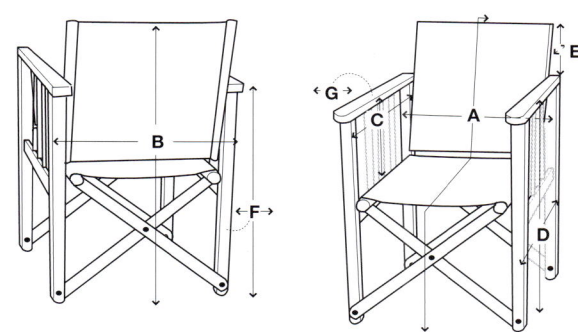

ABMESSUNGEN
Alle Teile zwischen den äußersten Punkten messen, da der Bezug aus Rechtecken zugeschnitten wird.

● Der Bezug ist für einen Stuhl gedacht, dessen Lehne zwischen den Armlehnen befestigt ist.

Vorderteil (A): *Breite:* Breite der Stuhllehne zwischen den Außenkanten der Holme plus 10 cm; *Länge:* Tiefe der rückwärtigen Holme plus Abstand von Oberkante der Lehne bis zur Sitzfläche plus Abstand von hinterem zu vorderem Ende der Sitzfläche plus Abstand von Sitzfläche zum Boden plus 10 cm.

Rückenteil (B): *Breite:* Rückenlehne zwischen den Außenkanten der Holme plus 10 cm; *Länge:* Oberkante der Holme bis Boden plus 10 cm.

Armlehne innen (C): *Breite:* Innenkante des rückwärtigen Holms bis vorderes Ende der Sitzfläche plus 10 cm; *Länge:* Oberkante Armlehne bis Sitzfläche plus 10 cm.

Armlehne außen (D): *Breite:* Außenkante des hinteren Holms bis vorderes Ende der Sitzfläche plus 10 cm; *Länge:* Oberkante Armlehne bis Boden plus 10 cm.

Rückenblende oben (E): *Breite:* Breite des hinteren Holms plus 4 cm; *Länge:* Holmoberkante bis Armlehne plus 4 cm.

Rückenblende unten (F): *Breite:* Breite der Armlehne plus 4 cm; *Länge:* Armlehne bis Boden plus 10 cm.

Seitenblende (G): *Breite:* Breite der Armlehne plus 4 cm; *Länge:* Länge der Armlehne plus Abstand zwischen Oberkante Armlehne und Fußboden plus 10 cm.

STOFFVERBRAUCH
Um einen Stuhl von B 50 x H 96 cm mit einer Husse zu versehen, benötigen Sie bei 140 cm breitem Stoff mindestens 3,20 m plus 3 x den Musterrapport. Damit das Muster überall gleich gerichtet ist oder bei Stoffbreiten von 90 cm/115 cm, sind 5 m Stoff plus 6 x der längsgerichtete Musterrapport erforderlich.

ZUSCHNITT
1 x A, 1 x B, 2 x C, 2 x D, 2 x E, 2 x F, 2 x G. Darauf achten, dass das Muster (oder ggf. der Strich) von oben nach unten oder von hinten nach vorn verläuft. Ebenso den Musteranschluss sicherstellen. Die Teile mit den Buchstaben kennzeichnen.

Wichtig: Da diese Husse locker sitzt, können alle Teile mit der linken Seite nach oben auf den Stuhl gelegt werden, so dass die Nähte rechts auf rechts zusammengesteckt werden. Sobald die Teile für eine Naht zusammengesteckt sind, wird die Nahtzugabe auf 2,5 cm zurückgeschnitten, später in Schritt 11 auf ihre endgültige Breite von 1,5 cm.

Zuschnittplan bei Stoffbreite von 140 cm

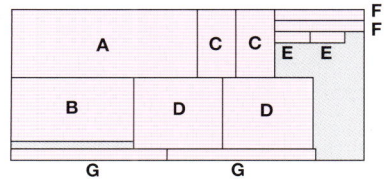

1 Mit Stecknadeln die Mittelpunkte der Vorder- und Rückseite der Stuhllehne und der Sitzfläche markieren, ebenso auf den Stoffstücken des Vorder- und Rückenteils (A und B). Das Vorderteil (A) so auf den Stuhl legen, dass die Mittelpunkte übereinstimmen.

2 Mitte auf Mitte Rückenteil (B) an das Vorderteil (A) stecken, auf eine gerade Linie an der Oberkante achten und Nahtzugabe zurückschneiden. Vorderteil (A) über der Vorderseite der Stuhllehne und der Sitzfläche glatt streichen. Überschüssigen Stoff nach vorn auf den Boden fallen lassen. Den Stoff an der Lehnenvorderseite und der Sitzfläche des Stuhls feststecken.

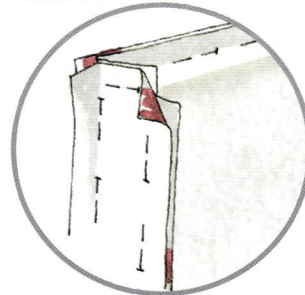

3 Eine Längskante der oberen Rückenblende (E) an das Rückenteil (B) stecken und die obere Kante an den oberen Teil des Vorderteils (A); die Nahtzugabe zurückschneiden. Die Nahtzugabe des Vorderteils (A) an der vorderen Ecke einschneiden. Die andere Längskante der oberen Rückenblende (E) unterhalb des Einschnitts an das Vorderteil (A) stecken und die Nahtzugabe zurückschneiden. Auf der gegenüberliegenden Seite wiederholen.

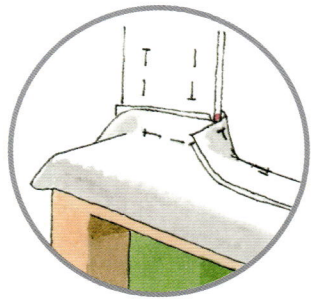

4 Die hintere vertikale Kante eines Armlehneninnenteils (C) an die untere Seitenkante des Vorderteils (A) stecken und zurückschneiden. Eine Seitenblende (G) an die Armlehne legen. Mit Stecknadeln an die Unterkante der oberen Rückenblende (E) stecken und an die Oberkante des Armlehneninnenteils (C). Nahtzugabe zurückschneiden, auf der gegenüberliegenden Seite wiederholen.

5 Nahtzugabe des Vorderteils (A) an den vorderen und hinteren Ecken einschneiden. Die Unterkante des Armlehneninnenteils (C) zwischen den Einschnitten an das Vorderteil (A) stecken und Nahtzugabe zurückschneiden. Auf der gegenüberliegenden Seite wiederholen.

6 An der vorderen Innenecke einer Armlehne die Nahtzugabe der Seitenblende (G) einschneiden. Das Innenteil der Armlehne (C) unterhalb dieses Einschnitts an die Seitenblende (G) stecken und die Nahtzugabe zurückschneiden. Auf der gegenüberliegenden Seite wiederholen.

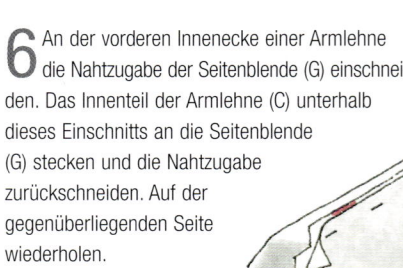

7 Die Seitenblende (G) unterhalb des Einschnitts an der Vorderseite der Sitzfläche an das Vorderteil (A) stecken und die Nahtzugabe zurückschneiden. Auf der gegenüberliegenden Seite wiederholen.

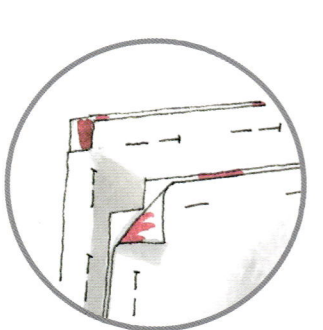

8 An der vorderen Außenecke der Armlehne einen Einschnitt in die Nahtzugabe der Seitenblende (G) vornehmen. Ein Armlehnenaußenteil (D) an der Oberseite der Armlehne und an der Vorderseite des Stuhls an die Seitenblende (G) stecken. Nahtzugaben kürzen. Auf der gegenüberliegenden Seite wiederholen.

LANGE HUSSE FÜR EINEN REGIESTUHL 69

11 Den Überzug vom Stuhl nehmen. Mit einem Lineal die Nahtlinien begradigen, ohne den Bezug zu verkleinern. Die Nahtzugaben auf 1,5 cm und die untere Saumzugabe auf 5 cm zurückschneiden. Die Passform am Stuhl überprüfen.

12 Die Nähte in der Reihenfolge nähen, in der sie gesteckt wurden, dabei jeweils 1,5 cm an den Enden offen lassen (außer an der Unterkante). In Ecken entweder hineinnähen oder die Arbeit mit der Nadel im Stoff drehen. Die Nähte versäubern und auseinander bügeln. An der Unterkante einen doppelten Saum von 2,5 cm umbügeln und von Hand säumen.

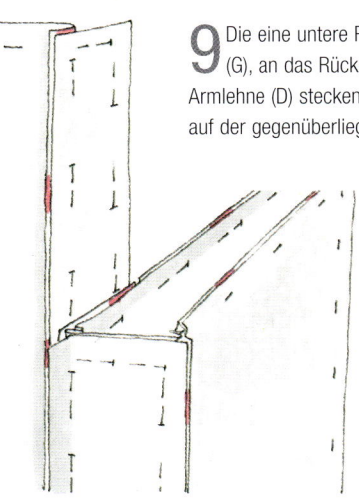

9 Die eine untere Rückenblende (F) an die Seitenblende (G), an das Rückenteil (B) und das Außenteil der Armlehne (D) stecken. Die Nahtzugabe zurückschneiden; auf der gegenüberliegenden Seite wiederholen.

VARIANTE
Alle Blenden aus einem kontrastfarbenem Stoff arbeiten. Ein Kissen mit Keder aus dem anderen Stoff hinzufügen.

10 Mit Schneiderkreide alle Nahtlinien anzeichnen. Die Stecknadeln entfernen, die den Stoff am Stuhl fixieren. An der Unterkante etwa 5 mm über dem Fußboden die Saumlinie markieren.

Schlafzimmer

KURZE HUSSE FÜR EINEN POLSTERSTUHL

Diese kurze Husse ist ideal für einen Kinderstuhl oder kleine Polsterstühle, weil sie den Stuhl nicht ganz einhüllt. Groß gemusterte Stoffe sorgfältig platzieren, damit das Muster schön zur Geltung kommt.

MATERIALIEN
Dekorationsstoff
Passendes Garn
Kederschnur, 5 mm dick
Fertig gekauftes Schrägband
Klettband zum Aufnähen und -kleben
Polsterreißverschluss

NÄHTECHNIKEN
Anpassen der Stoffteile (Seite 102)
Polstereinschübe (Seite 114)
Formen (Seite 108)
Ecken (Seite 106)
Keder (Seite 120)
Verankerung an der Möbelunterseite (Seite 114)
Reißverschlüsse (Seite 112)

ABMESSUNGEN
Alle Abschnitte zwischen den äußersten Punkten messen, da die Stoffteile in Rechteckform zugeschnitten werden. Der Reißverschluss sollte 5 cm kürzer sein als der Abstand zwischen der oberen Seitenkante der Stuhlrückseite und der Unterkante der Sitzfläche.

Vorderteil Lehne (A): *Breite:* Vorderseite der Lehne plus 10 cm; *Länge:* Rückwärtige Oberkante der Lehne bis Sitzfläche plus 25,5 cm.

Rückenteil (B): *Breite:* Stuhlrückseite plus 10 cm; *Länge:* Oberkante Rückseite bis Unterkante Sitzfläche plus 10 cm.

Sitz (C): *Breite:* Breite der Sitzfläche plus 10 cm; *Länge:* Von der Lehne zur Vorderkante Sitzfläche plus 10 cm.

Seitenblende Lehne (D): *Breite:* Tiefe der Rückenlehne plus 4 cm; *Länge:* Oberkante Rückenlehne bis Oberkante Sitzfläche plus 10 cm.

Frontstreifen Sitz (E): *Breite:* Breite der Sitzfläche plus 10 cm; *Länge:* Höhe des Polsters plus 10 cm.

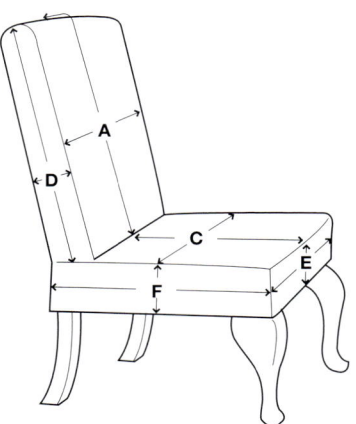

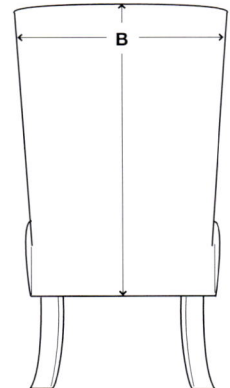

Seitenstreifen Sitz (F): *Breite:* Außenkante Rückenlehne bis Vorderkante Sitzfläche plus 10 cm; *Länge:* Höhe des Polsters plus 10 cm.

STOFFVERBRAUCH
Um einen Stuhl von etwa B 48 x H 86 cm zu überziehen, benötigen Sie bei einer Stoffbreite von 140 cm mindestens 1,40 m Stoff plus 3 x den Musterrapport.

ZUSCHNITT
1 x A, 1 x B, 1 x C, 2 x D, 1 x E, 2 x F zuschneiden. Darauf achten, dass das Muster (oder ggf. der Strich) von oben nach unten bzw. von hinten nach vorn verläuft. Ebenfalls auf den Musteranschluss achten. Die Teile durch die Buchstaben kennzeichnen.

• Wenn Ihr Stoff breit genug ist, können Sie auch den Frontstreifen (E) und die beiden Seitenstreifen (F) in einem Stück zuschneiden.

Wichtig: Weil dieser Bezug straff anliegt, sollten alle Stoffteile mit der rechten Seite nach oben auf dem Stuhl platziert werden. Zunächst werden die Nähte links auf links gesteckt, dann in Schritt 6 rechts auf rechts. Sobald die Teile zusammengesteckt sind, wird an der jeweiligen Naht die Nahtzugabe auf 2,5 cm zurückgeschnitten, später auf 1,5 cm.

Zuschnittplan bei Stoffbreite von 140 cm

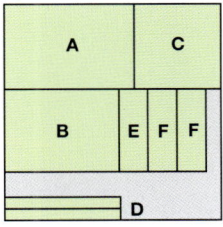

1 Mit dem Schrägband genügend Keder für alle Nähte anfertigen. Am Stuhl die Mitte der Vorder- und Rückseite der Lehne und der Sitzfläche mit Stecknadeln markieren, ebenso am Lehnenvorderteil (A), am Rückenteil (B) und an der Sitzfläche (C).

2 Das Vorderteil der Lehne (A) mittig auf den Stuhl legen. Mitte auf Mitte das Rückenteil (B) an das Vorderteil (A) stecken, dabei liegt die Nahtlinie an der rückseitigen Oberkante. Nahtzugabe zurückschneiden. Das Vorderteil der Lehne (A) glatt streichen und mit Stecknadeln am Polster fixieren. Ebenso mit dem Rückenteil (B) verfahren. Die Nahtzugaben aller Ecken am Vorderteil (A) einschneiden.

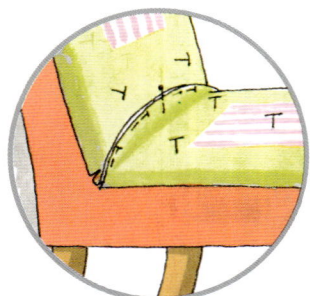

3 Das Teil für den Sitz (C) auf den Stuhl legen. Mitte auf Mitte an das Vorderteil der Lehne (A) stecken, dabei 7,5-15 cm zum Einstecken zwischen die Polster berücksichtigen; die Nahtzugabe zurückschneiden. Den Stoff glatt streichen und mit Stecknadeln am Polster feststecken.

4 Die Seitenblende (D) an der Seite der Polsterlehne mit Stecknadeln befestigen. An das Vorderteil der Lehne (A) und das Rückenteil (B) stecken, die Nahtzugabe zurückschneiden. Auf der gegenüberliegenden Seite wiederholen.

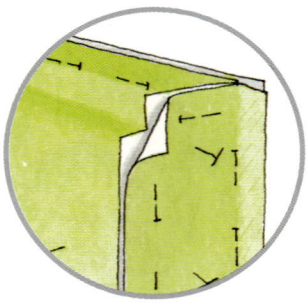

5 Mit Schneiderkreide die Nahtlinien auf der Stoffrückseite anzeichnen. Die Stecknadeln entfernen, mit denen der Stoff am Polster befestigt ist. Dann die Stecknadeln an der rückwärtigen rechten Seitennaht bis auf die oberen 5 cm entfernen und den Bezug vom Stuhl nehmen. Mit einem Lineal die Nahtlinien begradigen, ohne den Bezug dabei zu verkleinern. Alle Nahtzugaben auf 1,5 cm kürzen, außer an der geöffneten rechten Naht; dort 2,5 cm belassen.

6 Nach und nach jeweils bei einem Abschnitt die Nadeln aus den Nähten entfernen und die Stücke rechts auf rechts neu stecken, dabei Keder zwischenfassen. Am Rückenteil (B) genügend Keder bis zum unteren Ende stehen lassen. Die Passform des Überzugs überprüfen.

7 Die Nähte schließen, dabei abgesehen von der Unterkante die Enden 1,5 cm offen lassen. In Ecken entweder hineinnähen oder die Arbeit mit der Nadel im Stoff drehen. Für die rechte Naht der Rückseite den Keder an die Seitenblende (D) steppen und nur die oberen 5 cm der Naht schließen, da hier der Reißverschluss eingesetzt wird (siehe Schritt 14). Schnittkanten versäubern, an Rundungen die Nahtzugabe einschneiden und die Nähte auseinander bügeln.

8 Den Bezug mit der linken Seite nach außen über den Stuhl ziehen. Die Reißverschlussnaht mit Stecknadeln schließen. Den Frontstreifen des Sitzes (E) und die Seitenstreifen (F) an den Bezug stecken. Die Nahtzugaben auf 1,5 cm kürzen, außer an der Seite, wo der Reißverschluss eingesetzt wird; hier sollte die Nahtzugabe 2,5 cm betragen.

KURZE HUSSE FÜR EINEN POLSTERSTUHL 73

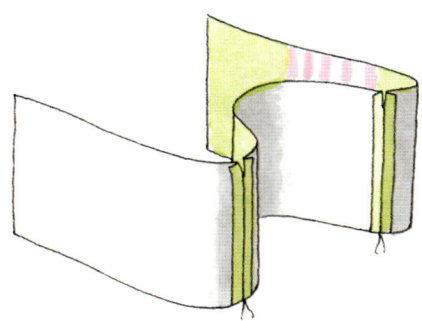

9 Die Front- und Seitenstreifen des Sitzes (E und F) vom Bezug abnehmen. Rechts auf rechts mit den Seitenkanten aneinander nähen (Nahtbreite 1,5 cm), dabei oben je 1,5 cm offen lassen. Die Schnittkanten versäubern und die Nähte auseinander bügeln.

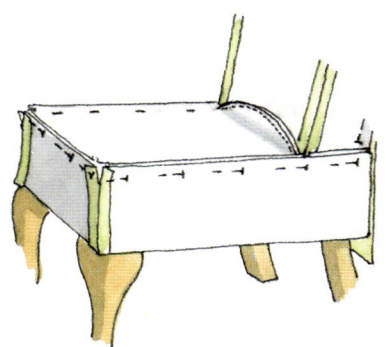

10 Die Oberkante der Front- und Seitenstreifen (E und F) rechts auf rechts an die Unterkante des Sitzes (C) und der Seitenblende (D) stecken. Dabei die beiden Nähte zwischen (E) und (F) exakt in die vorderen Ecken der Sitzfläche (C) einpassen. Die rückwärtigen Kanten der Seitenstreifen (F) an das Rückenteil (B) stecken. Alle Nahtzugaben auf 1,5 cm zurückschneiden bis auf die Reißverschlussnaht, die 2,5 cm breit sein sollte.

11 Die Stecknadeln aus der Reißverschlussnaht entfernen und den Bezug abnehmen. In die Nähte zwischen Rückenteil (B) und Seitenstreifen (F) Keder zwischenfassen und feststecken. Die linke Naht steppen, an der anderen Seite jedoch nur den Keder an die rückwärtige Kante des Seitenstreifens (F) nähen.

12 Keder an die Oberkanten von Frontstreifen (E) und Seitenstreifen (F) anfügen, dabei in den Ecken die Nahtzugabe des Keders einschneiden. Diese Naht steppen. Die Schnittkanten der geschlossenen Nähte versäubern und auseinander bügeln.

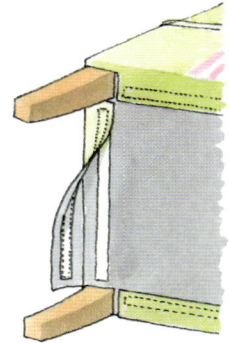

13 An der Unterkante kurz über den Stuhlbeinen einen schmalen Saum umbiegen und die Nahtzugabe auf jeder Seite der Beine einschneiden. Von Hand nähen. An den übrigen unteren Kanten Verstärkungsstreifen zur Verankerung an der Möbelunterseite ansetzen und daran und an der Unterseite des Stuhls Klettband befestigen.

14 Den Reißverschluss einsetzen. Den Bezug über den Stuhl ziehen, den Reißverschluss schließen, die Polstereinschübe zwischen die Polster stecken und auf der Stuhlunterseite den Klettverschluss schließen.

VARIANTE

In passendem oder kontrastierendem Stoff auf Rücken- und Seitenteile des Bezugs Taschen setzen. Daran haben Kinder ihre Freude! Die oberste Tasche über die gesamte Breite konzipieren und zum Hineinstecken von Stiften mit senkrechten Teilungsnähten im Abstand von 4 cm versehen

TAGESDECKE UND POLSTERROLLEN

Eine maßgeschneiderte Überdecke und zwei Polsterrollen verwandeln ein schmales Bett oder eine Liege in ein adrettes Sofa. Die Bogenkante gibt einen besonders dekorativen Abschluss.

MATERIALIEN
Dekorationsstoff für den Bezug
Passender Dekorationsstoff für die Polster
Passendes Garn
Kederschnur, 5 mm dick
Pappe für Bogenschablone
Füllmaterial für die Polster in der Breite des Bettes
4 Packungen Knöpfe zum Beziehen (4 cm Durchmesser)

NÄHTECHNIKEN
Schablonen (Seite 101)
Ecken (Seite 106)
Schrägstreifen (Seite 116)
Keder (Seite 120)
Beziehen von Knöpfen (Seite 111)

ABMESSUNGEN
Das Bett mit allem Bettzeug ausmessen, das unter dem Bezug liegen soll. Die Maßangaben lassen 2,5 cm Spiel.

Oberdecke (A): *Breite:* Bettbreite plus 5,5 cm; *Länge:* Bettlänge plus 7 cm.

Vorderteil/Rückenteil Rock (B): *Breite:* Betthöhe plus 7 cm; *Länge:* Bettlänge plus 7 cm.

Seitenteil Rock (C): *Breite:* Betthöhe plus 7 cm; *Länge:* Betttiefe plus 7 cm.

Mittelteil Polster (D): *Breite:* Polsterumfang plus 3 cm; *Länge:* Polsterlänge plus 3 cm.

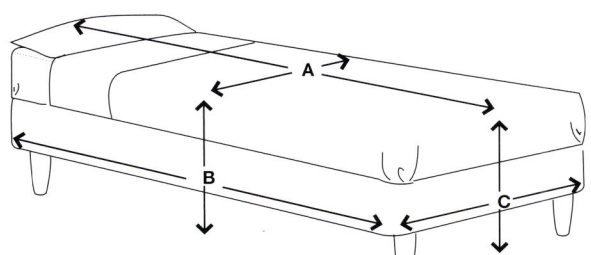

Polsterenden (E): *Breite:* Polsterumfang plus 3 cm; *Länge:* Polsterradius (Hälfte des Durchmessers) plus 3 cm.

Schrägband für Decke (F): *Breite:* 7 cm; *Länge:* Umfang des Betts plus 18 cm.

Schrägband für Polster (G): *Breite:* 7 cm; *Länge:* 2 x Polsterumfang plus 7,5 cm.

STOFFVERBRAUCH
Für ein Bett von den Abmessungen B 90 x L 190 x H 70 cm benötigen Sie bei Stoffbreite von 140 cm 7,80 m Stoff plus 4 x den Musterrapport. Wenn das Bett an der Wand steht, reichen 6 m; das Rückenteil kann dann aus zwei Stoffbahnen zusammengesetzt werden.
Für zwei Polsterrollen, je 90 cm lang und mit einem Durchmesser von 20 cm, benötigen Sie bei 140 cm breitem Stoff mindestens 1,30 m plus 2 x den Musterrapport.

ZUSCHNITT
Für die Tagesdecke: Aus dem ersten Stoff 1 x A, 2 x B, 2 x C zuschneiden, dabei darauf achten, dass das Muster (oder ggf. der Strich) in gleicher Richtung liegt. Ebenso auf den Musteranschluss der Teile achten. Wenn der Stoff kein Muster hat, kann der gesamte Rock in einem Stück geschnitten werden. Die Teile durch die Buchstaben kennzeichnen.

Für zwei Polster: Aus dem zweiten Stoff 2 x D, 4 x E schneiden.

Für den Keder: Aus dem ersten Stoff so viele Schrägstreifen zuschneiden und aneinander nähen wie nötig, um 1 x F für die Tagesdecke und 2 x G für die zwei Polster zu erhalten.

Zuschnittplan bei Stoffbreite von 140 cm

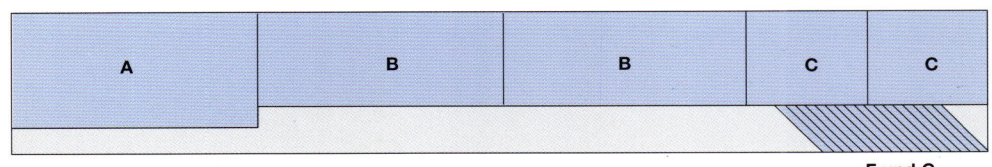
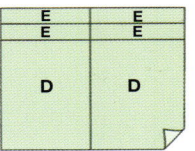

TAGESDECKE

1 Genügend Keder für die Gesamtlänge der Oberkante der Tagesdecke fertigen. Anschließend auf die rechte Stoffseite der Oberdecke (A) und um alle vier Ecken stecken. Mit der Maschine im Abstand von 1,5 cm zur Schnittkante festheften. Die Nahtzugabe des Keders in den Ecken einschneiden.

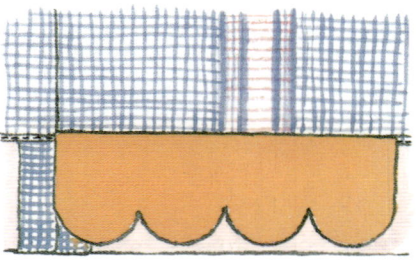

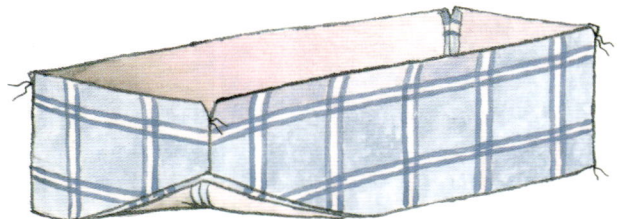

2 Rechts auf rechts das Vorderteil des Rocks (B) und ein Seitenteil (C) an den Seiten zusammennähen; Nahtbreite ist 1,5 cm und ebenfalls 1,5 cm bleiben am oberen Ende offen. Auf gleiche Weise an die zweite Kante des Seitenteils (C) das Rückenteil (B) und an die andere Kante des Vorderteils (B) das zweite Seitenteil (C) nähen. Die letzte Seitennaht ebenfalls schließen. Die Nähte auseinander bügeln. An der Unterkante einen schmalen Saum von 5 mm umschlagen, bügeln und nähen.

3 Für die Bogenkante 5 cm der Unterkante nach außen rechts auf rechts zu einer Blende umschlagen. Aus Pappe eine Schablone mit Halbbögen von 2,5 cm Höhe und 6,5 cm Breite fertigen. Beginnend an einer Rückennaht die Schablone mit 5 mm Abstand zu dem umgebogenen Saum an die Blende anlegen und die Bögen nachzeichnen. Die Schablone weiterrücken und wiederholen, bis die ganze Blende vorgezeichnet ist.

POLSTER

Hier die Angaben für ein Polster; das zweite ebenso fertigen.

1 Genügend Keder herstellen, um beide Enden des Polsters damit einzufassen. Rechts auf rechts an den Außenkanten des Polstermittelteils (D) anbringen und mit einer Nahtbreite von 1,5 cm mit der Maschine aufheften.

2 Rechts auf rechts und Schnittkante auf Schnittkante die nicht eingefassten Kanten des Mittelteils (D) mit 1,5 cm Nahtbreite miteinander vernähen. Oder für einen engen Sitz Nahtbreite bis auf 3 cm vergrößern, anschließend Überstand zurückschneiden. In der Mitte der Naht eine Öffnung lassen, die groß genug ist, um die Polsterfüllung hindurchzustecken. Die Nahtzugabe des Keders zurückschneiden, die Mittelnaht auseinander bügeln.

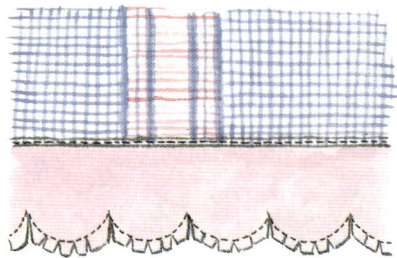

4 Bogenkante abstecken und entlang der angezeichneten Bogenlinie durch beide Stofflagen hindurch steppen. Bei jedem neuen Bogen die Maschine anhalten und die Arbeit mit der Nadel im Stoff drehen. 5 mm entfernt von der Nahtlinie schneiden. Nahtzugabe stufenweise zurückschneiden und, vorsichtig, damit Sie nicht in die gesteppte Naht hineinschneiden, die Kurven und die Spitzen der Bögen einschneiden. Die Blende auf die andere Seite wenden, bügeln und mit Saumstichen an der Rückseite des Rocks festnähen.

5 Rechts auf rechts, Schnittkanten aneinander, den Rock an die Oberdecke (A) stecken. Die Seitennähte und die Ecken treffen aufeinander. (Wenn der Rock aus einem Stück besteht: die Nahtzugabe in den Ecken einschneiden.) Überprüfen, ob die Bogenkante etwa 1 cm über dem Boden aufkommt, wenn nötig, durch Änderung der Nahtzugabe an der Oberkante des Rocks korrigieren. Teile mit 1,5 cm Nahtabstand zusammennähen, die Ecken im rechten Winkel nähen, die Nahtzugabe zurückschneiden. Den Bezug auf die rechte Seite wenden und bügeln.

VARIANTE

Statt einer Bogenkante können Sie auch eine glatte Blende aus einem andersfarbigen Stoff ansetzen und diesen in den Ecken für die Böden von Kellerfalten verwenden. Aus dem Hauptstoff, eingefasst mit andersfarbigem Keder, nähen Sie rechteckige Kissen, die an die Wand gelehnt werden. Dazu noch passende Polsterrollen und das Sofa ist komplett.

3 Die kurzen Kanten eines Polsterendes (E) rechts auf rechts zusammennähen (Nahtbreite von 1,5 cm). Die Naht auseinander bügeln. 1,5 cm an einer Längskante umbiegen, bügeln und nähen. Am anderen Polsterende (E) wiederholen.

4 In das Mittelteil des Polsters (D) (linke Seite außen) ein Polsterende (E) mit der rechten Seite nach außen in das Mittelteil (D) hineinschieben, so dass sie rechts auf rechts liegen. Schnittkanten und Nähte aneinander legen, stecken und 1,5 cm breit absteppen. Am anderen Ende wiederholen. Bezug nach außen wenden und bügeln.

5 Mit der Hand zwei Reihen Fäden entlang der offenen Kante einziehen und diese zusammenziehen, so dass der Stoff an den Polsterenden gekräuselt wird. Die Fäden fest verknoten und durch die Öffnung auf die Innenseite stecken.

6 Mit Resten des Stoffs Knöpfe beziehen und an jeder Seite einen zum Verdecken der Öffnung und der Kräuselfäden an das Polster setzen. Die Polsterfüllung durch die Öffnung im Mittelteil des Polsters hineindrücken und die Öffnung mit Saumstichen schließen.

SESSELBEZUG MIT AUSSCHNITTEN FÜR ARMLEHNEN UND BEINE

Ein Polsterstuhl mit schönen hölzernen Armlehnen und Beinen braucht einen Bezug, der diese nicht verdeckt. Sehr hübsch im Schlafzimmer – und überall sonst natürlich auch.

MATERIALIEN
Dekorationsstoff
Passendes Garn
Klettband zum Aufnähen
14 Knöpfe zum Beziehen

NÄHTECHNIKEN
Anpassen der Stoffteile (Seite 102)
Polstereinschübe (Seite 114)
Formen (Seite 108)
Ecken (Seite 106)
Ausschnitte (110)
Klettverschlüsse (Seite 113)

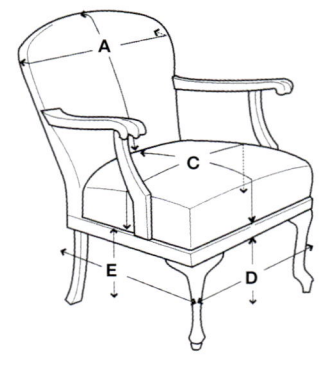
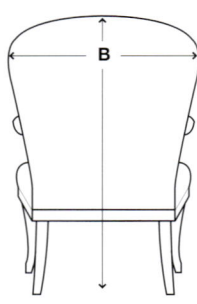

ABMESSUNGEN
Alle Abschnitte zwischen den äußersten Punkten messen, da die Stoffteile in Rechteckform zugeschnitten werden.

Vorderteil Lehne (A): *Breite:* Rückwärtige Seitenkante der Rückenlehne über die Vorderseite zur zweiten Seitenkante der Rückenlehne plus 10 cm; *Länge:* Rückwärtige Oberkante der Lehne bis Sitzfläche plus 25,5 cm.

Rückenteil Lehne (B): *Breite:* Rückenlehne plus 10 cm; *Länge:* Oberkante Rückenlehne bis gewünschte Höhe über dem Boden plus 10 cm.

Sitz (C): *Breite:* Unterkante Sitzfläche auf der einen Stuhlseite über Sitzfläche bis Unterkante Sitzfläche auf der anderen Seite plus 10 cm; *Länge:* Vorderseite Lehne über Vorderkante bis Unterkante Sitzfläche plus 25,5 cm.

Rock vorn (D): *Breite:* Abstand zwischen den Außenkanten der Vorderbeine plus 10 cm; *Länge:* Unterkante Sitzfläche bis gewünschte Höhe über dem Boden plus 7,5 cm.

Rock Seite (E): *Breite:* Abstand zwischen den Außenkanten der Beine an einer Stuhlseite plus 10 cm; *Länge:* Unterkante Sitzfläche bis gewünschte Höhe über dem Boden plus 7,5 cm.

SESSELBEZUG MIT AUSSCHNITTEN FÜR ARMLEHNEN UND BEINE 79

Zuschnittplan bei Stoffbreite von 140 cm

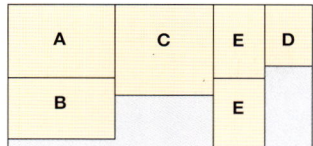

STOFFVERBRAUCH

Für einen Polsterstuhl von B 65 x H 85 cm benötigen Sie bei Stoff von 140 cm Breite 2,80 m plus 3 x den Musterrapport.

ZUSCHNITT

1 x A, 1 x B, 1 x C, 1 x D, 2 x E zuschneiden. Darauf achten, dass das Muster (oder ggf. der Strich) von oben nach unten bzw. von hinten nach vorn verläuft und dass sich das Muster der angrenzenden Teile aneinander anschließt. Die Stoffteile durch die Buchstaben kennzeichnen.

Wichtig: Da dieser Bezug straff sitzen soll, müssen alle Stoffteile mit der rechten Seite nach oben auf dem Stuhl ausgelegt werden. Dabei werden zunächst die Nähte links auf links gesteckt, dann in Schritt 6 geöffnet und erneut rechts auf rechts gesteckt. Sobald eine Naht gesteckt ist, wird die Nahtzugabe auf 2,5 cm, später auf 1,5 cm zurückgeschnitten. Die Zugaben der Nähte jedoch, die mit Klettband geschlossen werden (Schritt 11-12), werden auf 2 cm gekürzt.

1 Mit Stecknadeln die Mitte der Stuhllehne (vorn und hinten) und der Sitzfläche sowie des Vorderteils der Lehne (A), des Rückenteils (B) und des Sitzes (C) markieren.

2 Das Vorderteil der Lehne (A) Mitte auf Mitte auf den Stuhl legen. Das Rückenteil der Lehne (B) mittig an Oberkante und Seiten (bis zu den Armlehnen) an das Vorderteil (A) stecken, so dass die Naht an der hinteren Kante der Lehne liegt. Nahtzugaben zurückschneiden. An den oberen Ecken des Vorderteils (A) die überschüssige Weite durch Abnäher einhalten. Den oberen Teil des Vorderteils (A) oberhalb der Armlehnen am Stuhl glatt streichen und mit Stecknadeln daran feststecken.

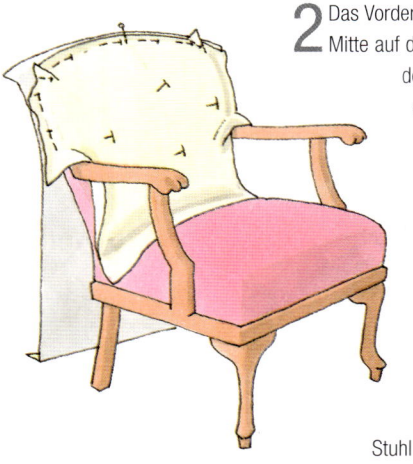

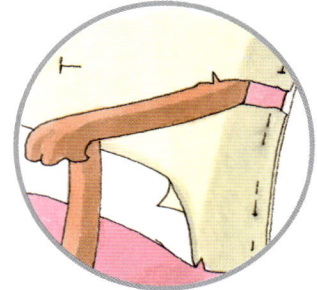

3 Das Teil für die Rückenlehne (B) über dem Stuhl glätten und am Polster befestigen. Um die Armlehnen herum im Vorderteil (A) Ausschnitte mit 1 cm Nahtzugabe schneiden. Den unteren Teil von (A) über dem Stuhl glatt streichen und feststecken. Unterhalb der Armlehnen (A) an das Rückenteil (B) stecken und die Nahtzugaben zurückschneiden. An den unteren Ecken von (A) die Nahtzugabe einschneiden.

4 Das Teil für die Sitzfläche (C) auf den Stuhl legen. Mitte auf Mitte (C) an das Vorderteil der Lehne (A) stecken, dabei eine Zugabe von 7,5-15 cm zum Einstecken zwischen die Polster berücksichtigen, den Rest zurückschneiden. Den Stoff über der Sitzfläche glätten und mit Stecknadeln am Stuhlpolster feststecken. Den Stoff an den Armlehnen bis auf eine Nahtzugabe von 1 cm wegschneiden. An den vorderen Ecken der Sitzfläche (C) den überschüssigen Stoff in zwei gegeneinander laufende Falten legen.

5 Mit Schneiderkreide die Nahtlinien auf der Stoffrückseite anzeichnen. Die Anstecknadeln aus dem Polster entfernen und den Bezug abnehmen. Mit Lineal die Nahtlinien begradigen (dabei den Bezug nicht verkleinern). Alle Nahtzugaben auf 1,5 cm zurückschneiden bis auf die der Nähte unterhalb der Armlehnen zwischen den Lehnenteilen (A und B); diese sollten 2 cm betragen.

6 Nach und nach jeweils bei einem Abschnitt die Stecknadeln entfernen, dann die Nähte gleich wieder rechts auf rechts zusammenstecken. Den Sitz des Bezugs am Stuhl überprüfen, dabei den Einschub zwischen die Polster stecken.

7 Die Nähte bis 1,5 cm vor den Enden steppen; dabei in Ecken entweder hineinnähen oder die Arbeit mit der Nadel im Stoff drehen. Bei der Naht zwischen Vorder- und Rückenteil der Lehne (A und B) die Strecken unterhalb der Armlehnen offen lassen. Die Schnittkanten der fertigen Nähte versäubern und auseinander bügeln. An Rundungen die Nahtzugabe einschneiden. An den Teilen unterhalb der Armlehnen die Nahtzugabe nach innen umbügeln.

8 Aus einem Stoffrest Stoffstücke von 3 cm Breite schneiden, die jeweils genau die Form der Ausschnitte am Vorderteil (A) und Sitz (C) haben. Rechts auf rechts und mit den Schnittkanten aneinander mit einer fortlaufenden Naht an die drei Seiten der Ausschnitte setzen; 1 cm von der Kante entfernt steppen. An den Ecken die Nahtzugabe einschneiden, dabei auf keinen Fall die Nahtlinie durchtrennen. Die aufgesetzten Stücke auf die linke Seite der Ausschnitte wenden und bügeln. Auf der linken Seite die Umschläge mit ein paar Stichen von Hand befestigen.

9 Den Bezug wieder über den Stuhl streifen, rechte Seite nach außen. Die Unterkante zurückschneiden, so dass sie 2 cm unterhalb der Ansatzhöhe der Rockteile liegt. Den vorderen Rock (D) und die beiden Rockseitenteile (E) mit Nahtzugabe von 2 cm an das obere Teil stecken. Die hinteren Seitenkanten der Seitenteile (E) auf 2 cm Nahtzugabe kürzen; alle anderen Seitenkanten und die Unterkanten der Rockteile auf 2,5 cm Saumzugabe kürzen.

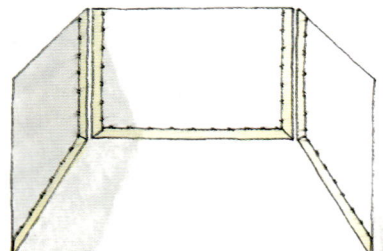

10 Den Überzug abnehmen und die Stecknadeln zwischen Rockteilen und Oberteil entfernen. Zunächst 5 mm, dann 2 cm an den Seitenkanten und der Unterkante des vorderen Rocks (D) sowie an den vorderen Seitenkanten und der Unterkante der Rockseitenteile (E) umbügeln. Diese Nähte mit der Maschine oder von Hand nähen, dabei die Ecken zu Briefecken legen.

11 Rechts auf rechts, Schnittkanten aneinander, die Rockteile (D und E) an die Sitzfläche (C) stecken. Mit 2 cm Nahtbreite, beginnend bei einem Ausschnitt für die Armlehne, entlang der Vorderseite bis hinüber zum zweiten Ausschnitt steppen. Schnittkanten versäubern, Nähte auseinander bügeln. Die Nahtzugaben an den offenen Nähten nach links umbügeln.

12 Klettband an jeder Seite der beiden offenen Nahtstrecken zwischen Rockseitenteil (E) und Sitz (C) befestigen, ebenso an die Nähte unterhalb der Armlehnen zwischen Rückenteil (B) und Vorderteil (A) der Lehne und den Seitenteilen (E). Knöpfe beziehen und diese von rechts über den Verschluss setzen. Den Bezug über den Stuhl streifen, den Klettverschluss schließen und den Einschub zwischen die Polster stecken.

VARIANTE

Anstelle der Knöpfe ein andersfarbiges Band, eine Borte oder eine breite Zackenlitze auf die Seiten- und Unterkanten des Rocks setzen.

HUSSE FÜR EINEN RATTANSESSEL

Selbst eine Husse für einen Rattansessel ist leicht zu nähen. Sie macht ihn viel bequemer und verleiht ihm ein völlig neues Aussehen.

MATERIALIEN
Dekorationsstoff
Passendes Garn

NÄHTECHNIKEN
Anpassen der Stoffteile (Seite 102)
Formen (Seite 108)
Ecken (Seite 106)
Kellerfalten (Seite 108)

ABMESSUNGEN

Sie sollten alle Abschnitte zwischen den äußersten Punkten messen, da die Stoffteile in Rechteckform zugeschnitten werden. Weil bei diesem Stuhl Rücken und Armlehnen eine einzige geschwungene Linie bilden, gilt als Ausgangspunkt der Armlehne die Rückenstrebe oder der Punkt, wo die Kurve zu einer Geraden wird. Die Stoffteile für das Vorder- und Rückenteil der Lehne (A und B) können als ein Stück betrachtet werden, ebenso Innen- und Außenteile der Armlehnen (D und E) – siehe Foto – solange der Stoff keine Richtung hat.

Vorderteil Lehne (A): *Breite:* Vorderseite der Lehne plus 10 cm; *Länge:* Oberkante der Rückenlehne über Vorderseite hinunter bis Sitzfläche plus 10 cm.

Rückenteil Lehne (B): *Breite:* Rückenlehne plus 5 cm; *Länge:* Oberkante Rückenlehne bis Fußboden plus 10 cm.

Front: (C): *Breite:* Breite der Sitzfläche plus 10 cm; *Länge:* Von der Lehne über Vorderkante Sitz bis zum Fußboden plus 10 cm.

Armlehne innen (D): *Breite:* Vorderkante Armlehne bis Vorderkante Lehne plus 10 cm; *Länge:* Äußere Oberkante Armlehne bis Sitzfläche plus 10 cm.

Armlehne außen (E): *Breite:* Vorderkante Armlehne bis Rückenlehne plus 5 cm; *Länge:* Oberkante Armlehne bis Fußboden plus 10 cm.

Faltenboden (F): *Breite:* 34 cm; *Länge:* Oberkante Rückenlehne an der Stelle, wo die Armlehnen beginnen, bis Fußboden plus 10 cm.

Bänder (G): *Breite:* 10 cm; *Länge:* 45,5 cm.

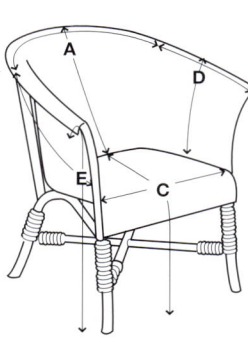

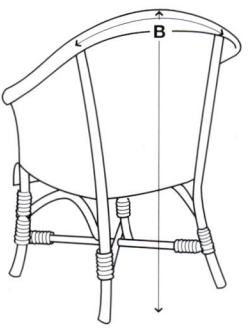

Zuschnittplan bei Stoffbreite von 140 cm

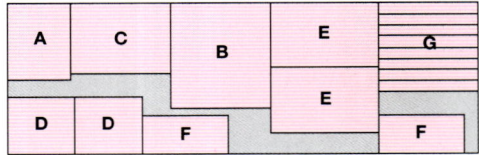

STOFFVERBRAUCH

Um einen Sessel von B 65 x H 70 cm zu beziehen, benötigen Sie bei Stoff von 140 cm Breite mindestens 4,40 m plus 3 x den Musterrapport.

ZUSCHNITT

1 x A, 1 x B, 1 x C, 2 x D, 2 x E, 2 x F, 8 x G zuschneiden. Darauf achten, dass das Muster (oder ggf. der Strich) von oben nach unten bzw. von hinten nach vorn verläuft und sich an das Muster der angrenzenden Teile anschließt. Die Stoffteile durch die Buchstaben kennzeichnen.

Wichtig: Weil die Husse relativ locker sitzt, können alle Teile mit der linken Seite nach oben auf dem Stuhl ausgelegt werden; die Nähte werden rechts auf rechts gesteckt. Außer an den Bändern (G) wird die Nahtzugabe auf 2,5 cm zurückgeschnitten, sobald die Teile für die entsprechende Naht zusammengesteckt sind; später wird sie auf 1,5 cm zurückgeschnitten.

1 Mit Kreide die Mittelpunkte an der Vorderseite der Lehne, der Rückseite und dem Sitz anzeichnen. Mit Stecknadeln die Mitte der Lehnenvorderseite (A), des Rückenteils (B) und der Front (C) markieren. Mitte auf Mitte das vordere Lehnenteil (A) auf das Rückenteil (B) stecken; Nahtzugabe zurückschneiden, anschließend die Stecknadeln entfernen.

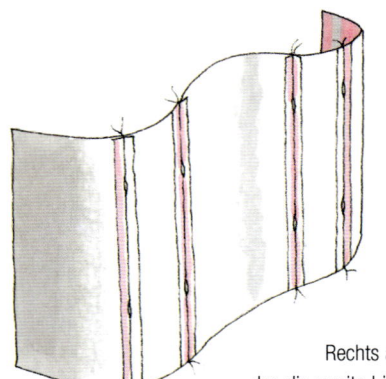

2 Rechts auf rechts, Schnittkanten aneinander, eine Längskante eines Faltenbodens (F) an eine Längskante der äußeren Armlehne (E) stecken und 1,5 cm breit absteppen, dabei zwei Öffnungen von 4 cm für die Bänder (G) lassen. Mit dem zweiten Faltenboden (F) an der anderen Seite (E) wiederholen. Rechts auf rechts, Schnittkanten aneinander, die zweite Längskante des Faltenbodens (F) an die angrenzende Längskante des Rückenteils (B) setzen, 1,5 cm breit absteppen und auf gleicher Höhe wie vorher Öffnungen von 4 cm lassen. Auf der anderen Seite wiederholen.

3 Alle Stoffteile für die Bänder (G) rechts auf rechts der Länge nach in der Mitte falten. Stecken und im Abstand von 1 cm entlang der Längskante und an einem Ende steppen. Die Nahtzugabe in der Ecke abschrägen. Die Bänder nach außen wenden und bügeln. Jeweils mit dem unversäuberten Ende in eine Nahtöffnung einlegen und die Naht schließen.

4 Das Rückenteil (B) erneut entlang der Oberkante an das Lehnenvorderteil (A) stecken. Die Teile über Vorder- und Rückenseite der Lehne glatt streichen.

5 An der Vorderseite der Lehne (A) lange Abnäher abstecken, die zum Sitz hin breiter und nach oben schmaler werden. Die Anzahl und Größe der Abnäher hängt von der Form des Stuhls ab.

6 Die hintere Kante eines Armlehnenvorderteils (D) an eine Seitenkante des Lehnenvorderteils (A) stecken, die Nahtzugabe zurückschneiden. Mit dem gegenüberliegenden Teil (D) wiederholen.

HUSSE FÜR EINEN RATTANSESSEL

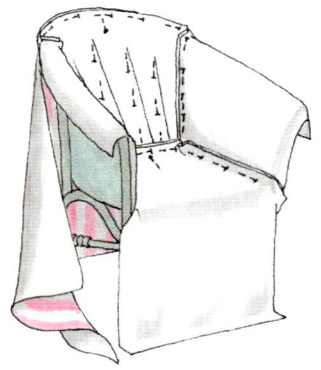

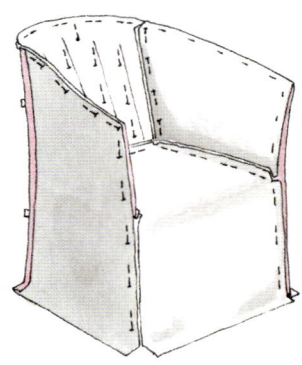

10 Die untere Seitenkante des Lehnenaußenteils (E) an die untere Seitenkante der Front (C) stecken und die Nahtzugabe zurückschneiden. Auf der anderen Seite wiederholen.

11 Mit Schneiderkreide die Nahtlinien anzeichnen. Die endgültige Saumlinie an der Unterkante etwa 5 mm über dem Boden anzeichnen.

7 Mitte auf Mitte die hintere Kante des Frontteils (C) an die Unterkante des Lehnenvorderteils (A) stecken. Seitenkanten der Front (C) an die Unterkanten der Armlehneninnenteile (D) stecken. Den restlichen Teil der Front (C) über der Sitzfläche und der Vorderkante glatt streichen und die Nahtzugaben zurückschneiden.

12 Den Bezug vom Stuhl nehmen. Mit einem Lineal die Linien für Nähte und Abnäher begradigen, dabei den Bezug jedoch nicht verkleinern. Die Nahtzugaben auf 1,5 cm kürzen, für den unteren Saum auf 5 cm. Die Falten bügeln und an der höchsten Stelle heften. Die Husse über den Stuhl streifen und die Passform kontrollieren.

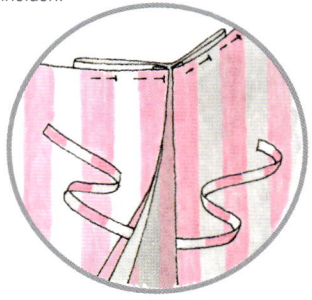

13 Den Bezug vom Stuhl nehmen und erst die Abnäher, dann die Nähte in der Reihenfolge des Steckens nähen, dabei die Enden der Nähte (außer an der Unterkante) jeweils 1,5 cm offen lassen. In Ecken entweder hineinnähen oder die Arbeit mit der Nadel im Stoff drehen. Die Schnittkanten versäubern, in Rundungen die Nahtzugabe einschneiden und die Nähte auseinander bügeln.

8 Mit den Faltenböden (F) an der Rückseite des Stuhls Kellerfalten bilden und mit Stecknadeln fixieren.

14 Die Husse über den Stuhl streifen, entlang der Bodenkante einen doppelten Saum von 2,5 cm umschlagen, den Bezug abnehmen, den Saum bügeln und mit der Maschine oder von Hand nähen. Den Bezug über den Stuhl streifen und die Bänder binden.

9 Entlang der Ober- und der Vorderkante der Armlehne das Außenteil der Armlehne (E) an das Innenteil der Armlehne (D) stecken und Nahtzugaben zurückschneiden. Auf der anderen Seite wiederholen. Die Nahtzugaben der Front (C) an den vorderen Ecken einschneiden.

VARIANTE

Für einen Badezimmerstuhl den Bezug aus zwei gestreiften Badetüchern fertigen. Kellerfalten und Bänder entfallen dabei. Ein Badetuch ergibt Vorder- und Rückenteil der Lehne; ein Stück des anderen Badetuchs, in Längsrichtung geschnitten, ergibt den Rock, der Rest wird für die Armlehnen verwendet. Anstelle der üblichen Nähte lassen Sie hier eine versäuberte Kante die andere überlappen und steppen die beiden von rechts übereinander. Alle sichtbaren unversäuberten Kanten mit Wäscheband einfassen.

ÜBERZUG FÜR DAS KOPFTEIL EINES BETTES

Mit einem Überzug für das Kopfteil können Sie sogar das Bett dem neuen Farbkonzept im Schlafzimmer anpassen. Der Bezug ist zudem praktisch, weil er sich zum Waschen abnehmen lässt.

MATERIALIEN
Papier für Schablonen
Schaumstoff, Stärke etwa 4 cm (wahlweise)
Holzleim (wahlweise)
Nessel (wahlweise)
Heftpistole (wahlweise)
Dekorationsstoff
Passendes Garn
Kederschnur, 5 mm dick
Klettband zum Aufnähen und -kleben (wahlweise – siehe Schritt 7)

NÄHTECHNIKEN
Schablonen (Seite 101)
Ecken (Seite 106)
Keder (Seite 120)

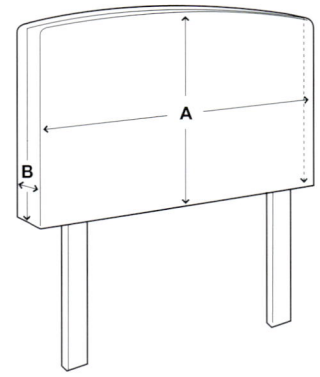

ABMESSUNGEN
Alle Strecken zwischen den äußersten Punkten messen, da die Schablone für das Vorder- und Rückenteil und der Stoff für den Seitenstreifen zunächst in Rechteckform zugeschnitten werden. Die Breitenmaße ergeben 1 cm Spiel am Vorder-/Rückenteil (A) und 5 mm am Seitenstreifen.

Vorder-/Rückenteil (A): *Breite:* Breite des Bettkopfteils plus 4 cm; *Länge:* Höhe des Kopfteils plus 7,5 cm.
Seitenstreifen (B): *Breite:* Breite des Kopfteils an der Seite plus 3,5 cm; *Länge:* Unterkante Kopfteil bis Oberseite, dieser entlang und an der anderen Seite hinab bis zur zweiten Unterkante plus 11,5 cm.
Band (C): *Breite:* 7,5 cm; *Länge:* 45,5 cm.
Schrägstreifen (D): *Breite:* 5 cm; *Länge:* 2 x Abstand von der Unterseite des Kopfteils an einer Seite nach oben, die Oberseite entlang und an der anderen Seite hinunter plus 23 cm.

STOFFVERBRAUCH
Um das Kopfteil eines Einzelbetts in den Maßen B 96 x H 68 cm zu beziehen, benötigen Sie bei 140 cm Stoffbreite 1,90 m plus 1 x den Musterrapport. Für das Kopfteil eines Doppelbetts von B 160 x H 68 cm benötigen Sie 3 m Stoff plus 2 x den Musterrapport.

ÜBERZUG FÜR DAS KOPFTEIL EINES BETTES

Zuschnittplan bei Stoffbreite von 140 cm

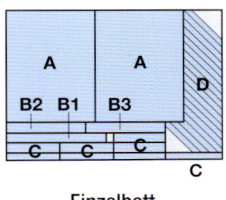

Einzelbett

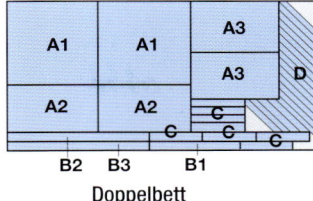

Doppelbett

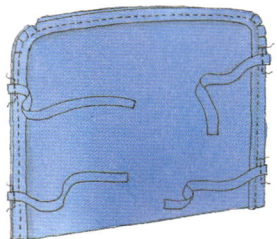

ZUSCHNITT

Anhand der Schablone (siehe Schritt 1) aus dem Dekorationsstoff 2 x A und 8 x C zuschneiden. Für das Kopfteil eines Einzelbetts ist der Stoff breit genug, so dass die Stoffteile nicht zusammengesetzt werden müssen. Für ein Doppelbett müssen mehrere Stoffteile zusammengefügt werden, damit A entsteht; vermeiden Sie dabei eine Mittelnaht, indem Sie an ein Mittelteil zwei gleich breite Seitenstreifen nähen.

Aus dem gleichen Stoff genug Streifen für 1 x B zuschneiden und aneinander nähen. Vermeiden Sie wie auch bei A eine Mittelnaht – ein Mittelstück mit Teilen zu beiden Seiten ist eher zu empfehlen. Im Idealfall treffen diese Nähte mit denen von A zusammen.

Aus dem gleichen Stoff (möglich sind hier aber auch Stoff oder Schrägband in einer anderen Farbe) Schrägstreifen für 1 x D zum Einfassen des Keders zuschneiden und zusammenfügen.

1 Aus Papier ein Rechteck schneiden in den entsprechenden Maßen für Vorder- und Rückenteil (A). Daraus eine formgerechte Schablone des Kopfteils fertigen; an Oberkante und Seitenkanten 2 cm zugeben. Mithilfe dieser Schablone den Stoff für Vorder- und Rückenteil (A) zuschneiden.

2 Falls nötig die vorhandene alte Polsterung des Kopfteils entfernen und eine Schablone in der exakten Form des Kopfteils anfertigen, nach ihr ein Stück aus Schaumstoff zuschneiden. Dieses an das Gestell kleben und Nessel darüber spannen, indem Sie ihn mit der Heftpistole auf der Rückseite antackern.

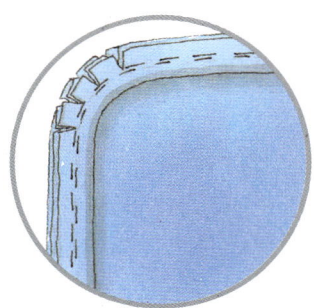

3 Genug Keder anfertigen, um damit Oberkanten und Seitenkanten der Vorder- wie auch der Rückseite einzufassen. Den Keder an die Ober- und Seitenkanten von Vorderteil (A) stecken und heften, dabei die Nahtzugaben des Keders an den Rundungen einschneiden.

4 Für die Bänder die Stoffteile (C) rechts auf rechts der Länge nach in der Mitte falten, stecken und mit 1 cm Nahtbreite an der langen Kante steppen; an einem Ende abrunden. Die Ecke der Nahtzugaben abschrägen; nach außen wenden und bügeln.

5 Rechts auf rechts, Schnittkante auf Schnittkante, vier Bänder wie abgebildet an die Seitenkanten des Vorderteils (A) stecken und heften.

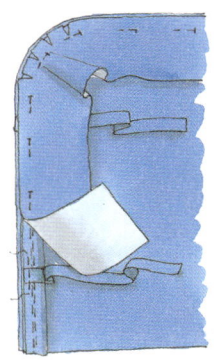

6 Rechts auf rechts den Seitenstreifen (B) an Seiten- und Oberkanten des Vorderteils (A) stecken; die Nahtzugabe von (B) an den Rundungen einschneiden. 1,5 cm breit absteppen, die Naht versäubern und bügeln.

7 Schritte 3, 5 und 6 am Rückenteil (A) wiederholen. Übrige Bänder in gleicher Höhe wie die Bänder in Schritt 5 anbringen. Bezug auf die rechte Seite wenden; über das Kopfteil des Betts streifen. An der Unterkante einen doppelten Saum umbiegen. Saum bügeln und absteppen. Falls gewünscht, Klettband auf die Innenseite des Sauminnenseite nähen und Gegenstreifen an die Unterkante des Kopfteils kleben. Überzug über das Kopfteil streifen; Bänder zu Schleifen binden.

VARIANTE

Anstelle des Keders eine Zackenlitze in die Nähte einfügen. Wählen Sie Ihren Hauptstoff so, dass er sich farblich von der Litze absetzt, und verwenden Sie diesen auch für die Bänder.

Balkon und Garten

POLSTERBESPANNUNG FÜR EINEN LIEGESTUHL

Eine gemusterte und wattierte Bespannung belebt den guten alten Liegestuhl und bringt Farbe in den Hinterhof. Kann sich auch im Haus sehen lassen, zum Beispiel im Wintergarten.

MATERIALIEN
Dekorationsstoff in zwei zueinander passenden Mustern
Passendes Maschinenquiltgarn oder reißfestes Baumwollgarn
Polyestervlies (siehe Schritte 4 und 10)
Nessel für die Kissenhülle
Polsternägel und Hammer oder Heftpistole mit stabilen Klammern

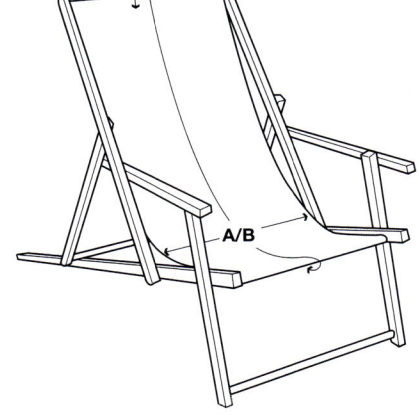

NÄHTECHNIKEN
Quilten (Seite 123)

ABMESSUNGEN
Den alten Bezug des Liegestuhls ausmessen, damit der neue nicht zu straff sitzt.
Oberseite (A): *Breite:* Abstand zwischen den Streben minus 15,5 cm; *Länge:* Umfang der oberen Querstrebe über die Liegefläche bis um die untere Querstrebe herum plus 3 cm.
Unterseite (B): *Breite:* Abstand zwischen den Streben plus 21 cm; *Länge:* wie Länge Oberseite (A).
Vorderteil Kopfstütze (C): *Breite:* Abstand zwischen Streben plus 3 cm; *Länge:* 25,5 cm.
Rückenteil Kopfstütze links (D): *Breite:* 1/2 Abstand zwischen Streben plus 6 cm; *Länge:* 25,5 cm.
Rückenteil Kopfstütze rechts (E): Wie (D).
Bänder (F): *Breite:* 12,5 cm; *Länge:* 61 cm.

STOFFVERBRAUCH
Für eine Bespannung von 43 x 130 cm benötigen Sie bei 140 cm breitem Stoff etwa 1,50 m von Stoff 1 und 1,80 m von Stoff 2.

ZUSCHNITT
1 x A, 4 x F aus Stoff 1 und 1 x B, 1 x C, 1 x D, 1 x E, 4 x F aus Stoff 2 zuschneiden. Das Muster liegt jeweils in der gleichen Richtung, die Muster von D und E schließen aneinander an. 2 x C aus Nessel zuschneiden. Die Teile durch die Buchstaben kennzeichnen.

1 Für jedes Band ein Teil (F) aus Stoff 1 rechts auf rechts auf ein Teil (F) aus Stoff 2 stecken. Entlang der Längskanten eine 1 cm breite Naht abstecken und steppen, dabei ein Ende offen lassen; das andere diagonal abnähen. Die Ecken der Nahtzugaben dieser Spitze abschneiden. Das Band nach außen wenden und bügeln. Vier gleiche Bänder herstellen.

2 Die alte Bespannung vom Liegestuhl abtrennen, notfalls mit einem Japanmesser. Rechts auf rechts und mit den Schnittkanten aneinander die Längskanten der Oberseite (A) an die Längskanten der Unterseite (B) stecken und mit einer 1,5 cm breiten Naht steppen. Die Ecken der Nahtzugabe abschneiden und die Nähte auseinander bügeln.

Zuschnittplan bei Stoffbreite von 140 cm

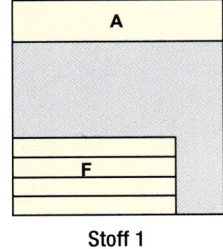

Stoff 1

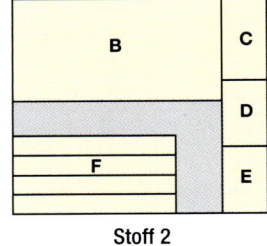

Stoff 2

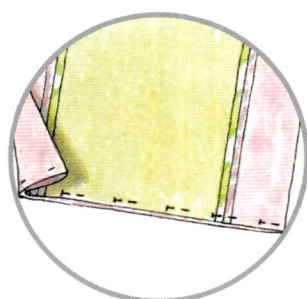

7 Einen doppelten Saum von 5 mm Breite an den inneren Kanten der linken und rechten Teile der Kopfstütze (D und E) umbügeln und nähen. Mit den rechten Seiten nach oben diese Kanten etwa 6,5 cm überlappend zusammenlegen, so dass das Rückenteil der Kopfstütze (D/E) die gleiche Breite erhält wie das Vorderteil (C). Das rechte und linke Teil (D und E) an der Ober- und Unterkante zusammenheften; es entsteht das Rückenteil der Kopfstütze (D/E).

3 Die fertigen Nahtlinien in gleichem Abstand von den Seiten positionieren; die Unterkante des Überzugs rechts auf rechts stecken und 1,5 cm von der Kante entfernt zusammennähen. Die Naht auseinander bügeln, das Teil nach außen wenden.

4 Ein Stück Polyestervlies in der Größe des in Schritt 3 genähten Teils zuschneiden. Die Wattierung in das Teil einlegen. Darauf achten, dass sie flach liegt und bis an die Ränder reicht. Durch alle drei Lagen hindurch heften. An der offenen Kante das Vlies in der Breite der Nahtzugabe zurückschneiden und die Nahtzugabe an beiden Stofflagen 1,5 cm nach innen umbügeln.

5 An den äußersten Punkten der offenen Naht das unvernähte Ende je eines Bandes einlegen, feststecken und die Nähte von rechts absteppen.

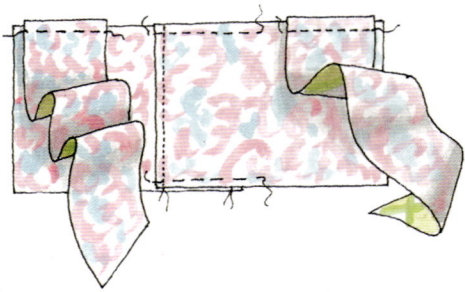

8 Rechts auf rechts und mit den Schnittkanten aneinander die unfertigen Enden von zwei Bändern an die Oberkante des Rückenteils der Kopfstütze (D/E) heften; der Abstand von den Kanten beträgt jeweils 1,5 cm.

9 Rechts auf rechts und mit den Schnittkanten aneinander das Vorderteil der Kopfstütze (C) an alle vier Seiten des Rückenteils (D/E) stecken. Mit 1,5 cm Nahtbreite absteppen, die Ecken im rechten Winkel nähen. Die Nahtzugaben in den Ecken abschneiden, durch den Rückenschlitz nach außen wenden und bügeln.

6 Der mittlere Teil der Oberseite (aus Stoff 1) wird gequiltet, die Abschnitte rechts und links davon (aus Stoff 2) jedoch nicht. Das Quiltmuster entsprechend dem Muster des Stoffs wählen – hier abgebildet ein diagonales Gitter – und steppen. Dabei auch jeweils in den Nahtlinien zwischen Mittel- und Seitenstreifen steppen. Die Heftfäden ziehen.

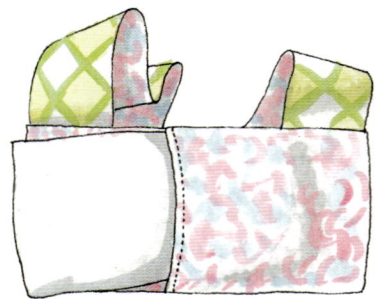

10 Für die Kissenfüllung die beiden Nesselstücke an allen vier Seiten rechts auf rechts mit 1,5 cm Nahtbreite zusammennähen, dabei an einer Kante eine Öffnung lassen. Die Hülle nach außen wenden, mit Füllmaterial ausstopfen und die Öffnung mit Saumstichen schließen. Dieses Kissen in den Bezug für die Kopfstütze hineinschieben.

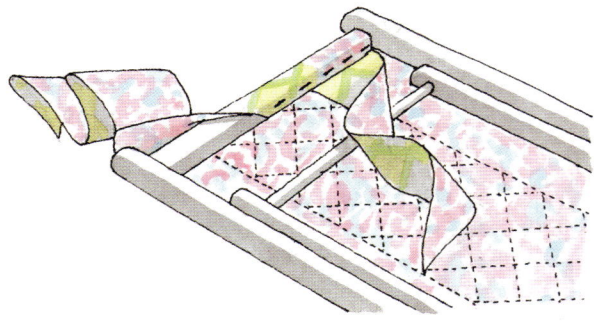

11 Den Bezug mit der Unterseite nach oben auf den Fußboden und den Rahmen des Liegestuhls darüber legen. Ein Ende der Bespannung um die obere Strebe wickeln und dort, von der Mitte ausgehend, mit Polsternägeln und Hammer festnageln oder mit der Heftpistole tuckern. Das untere Ende an der unteren Strebe ebenso befestigen, aber nach einigen wenigen Fixierungspunkten erst einmal den korrekten Sitz überprüfen. Ggf. korrigieren und fertig stellen.

12 Die Kopfstütze mit großen Schleifen am Bezug festbinden.

KURZE HUSSE FÜR EINEN HOLZSTUHL

Eine simple Baumwollhusse mit kurzem Röckchen macht aus einem einfachen einen fröhlichen Holzstuhl und ist praktisch für Wintergarten oder Küche. Das gleiche Design lässt sich auch für einen Polsterstuhl anpassen.

MATERIALIEN
Dekorationsstoff
Passendes Garn
Stoffrest für Hülle (siehe Schritt 1)

NÄHTECHNIKEN
Mit Hülle arbeiten (Seite 103)
Anpassen der Stoffteile (Seite 102)
Formen (Seite 108)
Ecken (Seite 106)
Kellerfalten (Seite 108)

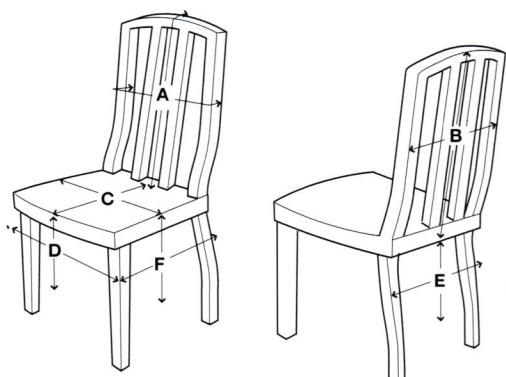

ABMESSUNGEN
Alle Abschnitte zwischen den äußersten Punkten messen, da die Stoffteile in Rechteckform zugeschnitten werden.

Vorderteil Lehne (A): *Breite:* Hintere Kante eines Holms über die Vorderseite der Lehne bis zur Rückenkante des anderen Holms plus 10 cm; *Länge:* Dicke der Lehne plus Abstand von Oberkante Lehne bis Oberkante Sitzfläche plus 10 cm.

Rückenteil Lehne (B): *Breite:* Rückenlehne zwischen beiden Holmen plus 10 cm; *Länge:* Oberkante Lehne bis Oberkante Sitzfläche plus 10 cm.

Sitz (C): *Breite:* Sitzfläche plus 10 cm; *Länge:* Von der Lehne bis Vorderkante Sitz plus 10 cm.

Rock vorn (D): *Breite:* Abstand zwischen den Außenkanten der vorderen Stuhlbeine plus 10 cm; *Länge:* Oberkante Sitz bis gewünschte Höhe über dem Fußboden plus 7 cm.

Rock hinten (E): *Breite:* Abstand zwischen den Außenkanten der Rückenholme plus 30,5 cm; *Länge:* Oberkante Sitzfläche bis gewünschte Höhe über dem Boden plus 7 cm.

Rock Seite (F): *Breite:* Abstand zwischen Außenkante Vorder- und Hinterbein plus 15 cm; *Länge:* Abstand von Oberkante Sitzfläche bis zur gewünschten Höhe über dem Boden plus 7 cm.

Faltenboden (G): *Breite:* 18 cm; *Länge:* Oberkante Sitzfläche bis gewünschte Höhe über dem Boden plus 7 cm.

Bänder (H): *Breite:* 6,5 cm; *Länge:* 38 cm.

KURZE HUSSE FÜR EINEN HOLZSTUHL

Zuschnittplan bei Stoffbreite von 140 cm

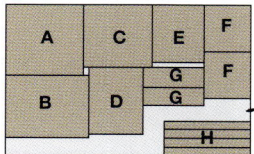

STOFFVERBRAUCH

Für einen Stuhl von B 65 x H 85 cm benötigen Sie bei 140 cm breitem Stoff mindestens 2,20 m plus 3 x den Musterrapport.

ZUSCHNITT

1 x A, 1 x B, 1 x C, 1 x D, 1 x E, 2 x F, 2 x G, 4 x H zuschneiden. Dabei beachten, dass das Muster (oder ggf. der Strich) von oben nach unten bzw. von hinten nach vorn verläuft. Ebenfalls auf den Musteranschluss achten. Die Teile durch die Buchstaben kennzeichnen.

Wichtig: Weil diese Husse locker sitzt, können alle Schnittteile mit der linken Seite nach oben ausgelegt werden; die Nähte werden sofort rechts auf rechts gesteckt. Die Nahtzugabe nach dem Stecken auf 2,5 cm zurückschneiden, später auf 1,5 cm.

1 Aus einem Stoffrest eine straff sitzende Hülle nähen, die über die Rückenlehne des Stuhls gezogen wird und an der die Teile festgesteckt werden.

2 Mit Kreide die Mitte der Stuhlsitzfläche markieren. Mit Stecknadeln die Mittelpunkte von Vorder- und Rückseite der Lehne an der Hülle markieren und am Stoff die Mitte des Vorderteils (A), des Rückenteils (B) und des Sitzes (C). Das Rückenteil (B) mittig an das Vorderteil (A) stecken, so dass die Naht an der Rückkante der Lehne liegt. Nahtzugabe zurückschneiden und an den oberen Ecken des Vorderteils (A) das überschüssige Material zu Abnähern stecken.

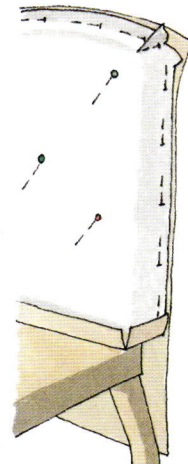

3 Das Vorderteil (A) und das Rückenteil (B) über dem Stuhl glatt streichen und an der Hülle feststecken. Die Seitenkanten von (A) um die Holme herumführen und so an (B) stecken, dass die Nahtlinien an den Rückkanten der Holme liegen. Nahtzugaben zurückschneiden und an den unteren Ecken des Vorderteils (A) einschneiden.

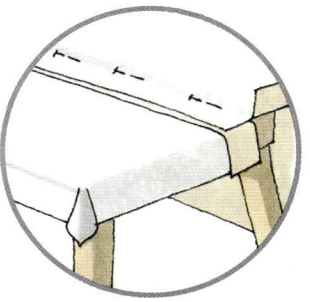

4 Das Stoffteil für die Sitzfläche (C) auf den Stuhl legen und Mitte auf Mitte an das Vorderteil der Lehne (A) stecken. Nahtzugabe zurückschneiden.

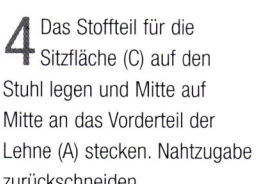

5 Mit Schneiderkreide die Nahtlinien anzeichnen. Die Stecknadeln, mit denen die Stoffteile an der Hülle fixiert sind, entfernen und den Bezug abnehmen. Mit einem Lineal die Nahtlinien begradigen, ohne dabei den Bezug zu verkleinern. Alle Nahtzugaben auf 1,5 cm zurückschneiden. Die Nähte bis auf 1,5 cm vor den Enden schließen. In Ecken entweder genau hineinnähen oder die Arbeit mit der Nadel im Stoff drehen. Die Schnittkanten versäubern und die fertigen Nähte auseinander bügeln.

6 Den Bezug über den Stuhl streifen, linke Seite nach außen. An den Teilen für den Sitz (C), die Rückenlehne (B) und an den kurzen Strecken an den Seiten der unteren Kante des Lehnenvorderteils (A) die Nahtzugabe auf 1,5 cm kürzen. Die Rockteile (D, E und F) an den Bezug stecken. Die Nahtzugaben an den Seitenkanten der Stuhlvorderseite auf 1,5 cm zurückschneiden.

7 Die Stecknadeln aus der Ansatznaht der Rockteile (D, E und F) und dem Bezug entfernen; den Bezug vom Stuhl nehmen. Rechts auf rechts die Seitenkante eines seitlichen Rocks (F) an je eine Seite des vorderen Rocks (D) setzen. 1,5 cm breit absteppen, dabei an den äußeren Enden immer 1,5 cm offen lassen.

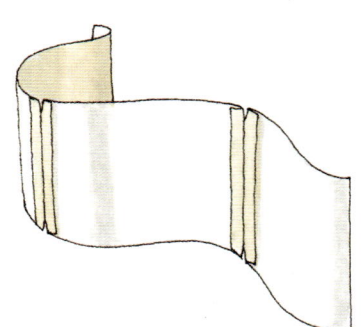

8 Rechts auf rechts, mit Nahtabstand von 1,5 cm, den Faltenboden (G) an je eine Rockseite (F) nähen. In der Naht eine Öffnung von 3 cm für die Bänder (H) lassen. Den hinteren Rock (E) an die Faltenböden (G) nähen und dabei jeweils auf der gleichen Höhe wie zuvor Öffnungen lassen. Die Kanten der Nähte versäubern und auseinander bügeln.

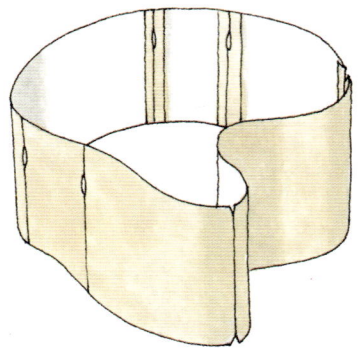

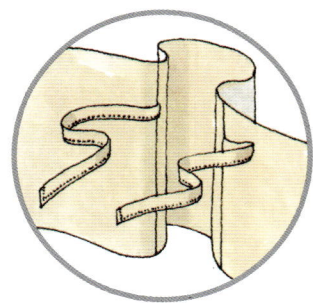

9 An jedem Band (H) die Längskanten und ein Ende 5 mm umbügeln. Links auf links der Länge nach in der Mitte falten, bügeln und nähen. Die offenen Enden der Bänder (H) in die Öffnungen an den Faltenböden (siehe Schritt 8) einlegen und die Nähte schließen.

10 Rechts auf rechts die Oberkante des vorderen Rocks (D) und der Rockseiten (F) an die Sitzfläche (C) und an die Kanten des Lehnenvorderteils (A) stecken, die um die Seitenholme der Rückenlehne herumgreifen. Darauf achten, dass die beiden vorderen Nähte des Rocks und die Ecken der Sitzfläche (C) aufeinander treffen. Oberkante des hinteren Rocks (E) an Unterkante des Lehnenrückenteils (B) stecken. In der Mitte der Faltenböden (G) je einen Einschnitt machen; diese Einschnitte an die hinteren Ecken legen; mit dem überstehenden Material an jeder Ecke eine Kellerfalte legen. Kellerfalten längs heften und bügeln. Dann die Heftfäden entfernen.

11 Mit 1,5 cm Nahtbreite absteppen; Nahtzugaben versäubern und bügeln. Husse über den Stuhl ziehen. Am unteren Rand doppelten Saum von 2,5 cm umschlagen. Bezug vom Stuhl nehmen, Saum bügeln säumen (von Hand oder maschinell). Husse über den Stuhl streifen und die Bänder binden.

VARIANTE
Den Rock verlängern, mit kontrastfarbenem Stoff für die Faltenböden und die Bänder, an allen Ecken Kellerfalten bilden.

AUSKLEIDUNG UND POLSTERKISSEN FÜR EINEN RATTANSESSEL

Eine seitliche Auskleidung verwandelt in Kombination mit einem Rücken- und einem Sitzkissen einen harten Rattan- oder Korbsessel in einen gemütlichen Sessel für den Wintergarten.

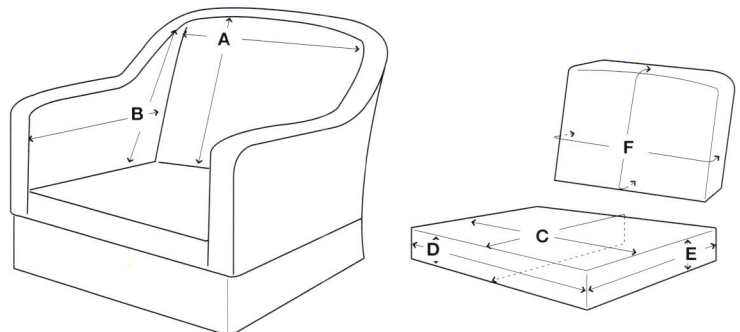

MATERIALIEN
Papier für Schablonen
Dekorationsstoff
Passendes Garn
Polstermaterial (siehe Auskleidung, Schritt 1, und Sitzpolster, Schritte 5 und 7)
Beziehbare Knöpfe (1 Packung – wahlweise)
Starkes Maschinenquiltgarn (wahlweise)
Schaumstoff, Stärke ca. 10 cm (siehe Kissen, Schritt 1)

NÄHTECHNIKEN
Schablonen (Seite 101)
Ecken (Seite 106)
Knöpfe einziehen (Seite 123)

ABMESSUNGEN
Alle Strecken zwischen den äußersten Punkten messen, da die Schablonen für die Auskleidung und die Stoffteile für die Kissen zunächst in Rechteckform zugeschnitten werden. Beim Ausmessen der Lehne messen Sie tatsächlich nur bis unterhalb des Rands, sofern es einen gibt.

Rückenteil Auskleidung (A): *Breite:* Vorderseite Sessellehne plus 3 cm; *Länge:* Sitzfläche bis höchster Punkt in der Mitte der Lehne plus 3 cm.

Seitenteil Auskleidung (B): *Breite:* Armlehnenfront bis Vorderseite Lehne plus 3 cm; *Länge:* Oberkante Armlehne bis Sitzfläche plus 3 cm.

Sitzfläche (C): *Breite:* Sesselsitzfläche plus 3 cm; *Länge:* 2 x Sitzfläche von vorn bis hinten plus Stärke des Schaumstoffs plus 3 cm.

Rückenstreifen Sitzpolster (D): *Breite:* Sitzpolster plus 3 cm; *Länge:* Stärke des Schaumstoffs plus 3 cm.

Seitenstreifen Sitzpolster (E): *Breite:* Stärke des Schaumstoffs plus 3 cm; *Länge:* Sitzfläche von vorn bis hinten plus 3 cm.

Rückenpolster (F): *Breite:* Vorderseite Sesselrückenlehne plus Stärke des Schaumstoffs plus 3 cm; *Länge:* Höhe der Sesselrückenlehne plus Stärke des Schaumstoffs plus 3 cm.

Zuschnittplan bei Stoffbreite von 140 cm

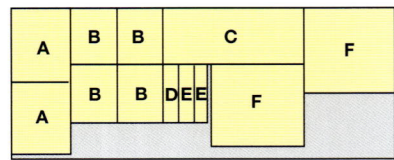

STOFFVERBRAUCH
Für einen Sessel von B 80 x H 90 cm benötigen Sie bei 140 cm breitem Stoff 3,40 m plus 4 x den Musterrapport.

ZUSCHNITT
Mithilfe der Schablonen (siehe Auskleidung, Schritt 1) 2 x A und 4 x B (je zwei gegengleich zu den beiden anderen) zuschneiden. Ebenso 1 x C, 1 x D, 2 x E, 2 x F. Dabei darauf achten, dass das Muster (oder ggf. der Strich) von oben nach unten bzw. von hinten nach vorn verläuft. Ebenfalls auf den Musteranschluss achten. Die Teile durch die Buchstaben kennzeichnen.

GEPOLSTERTE AUSKLEIDUNG

1 Aus Papier Rechtecke in den entsprechenden Maßen für die Rückenauskleidung (A) und die Seitenauskleidung (B) schneiden. Daraus passgenaue Schablonen fertigen durch Anpassen am Sessel, an allen Kanten dabei 1,5 cm Nahtzugabe zugeben. Mit den Schablonen die Stoffteile zuschneiden; darauf achten, zwei der Teile der Seitenauskleidung (B) gegengleich zu den anderen beiden Teilen zuzuschneiden. Anhand der Schablonen aus der Wattierung ein Teil für die Rückenauskleidung (A) und zwei für die Seitenauskleidung (B) zuschneiden.

2 Rechts auf rechts, Schnittkante auf Schnittkante, ein Auskleidungsseitenteil (B) an eine Seitenkante des Rückenteils (A) stecken. Das gegengleiche Teil des Seitenteils (B) an die zweite Seitenkante des Rückenteils (A) stecken. 1,5 cm breit absteppen, Nahtzugaben zurückschneiden; auseinander bügeln. Mit den übrigen Teilen der Auskleidung wiederholen.

SITZPOLSTER

1 Kaufen Sie die Schaumstoffteile bereits vorgeschnitten in den richtigen Größen. Sofern eine Korrektur der Form nötig ist, wie zum Beispiel das Abrunden der oberen Ecken des Rückenpolsters, übergeben Sie dafür dem Händler die Schablone.

2 Das Sitzpolster ist ein kastenförmiges Kissen mit gerundeten Kanten und einer Blende hinten und an den Seiten, jedoch nicht an der Front; das Teil (C) für das Sitzpolster wird für Ober- und Unterseite verwendet. Dieses Teil quer in der Mitte falten und an beiden Kanten den Mittelpunkt mit Stecknadeln markieren; aufklappen.

3 Rechts auf rechts, Schnittkante auf Schnittkante und mit einer Nahtzugabe von 1,5 cm die kurzen Kanten des Seitenstreifens (E) an je ein Ende des Rückenstreifens (D) stecken, so dass die Nähte mit den hinteren Ecken des Hauptteils (C) zusammentreffen; dabei eine Nahtzugabe von 1,5 cm berücksichtigen. Die Nähte bis 1,5 cm vor den Enden absteppen und auseinander bügeln.

4 Den Seitenstreifen (D/E) der Länge nach in der Mitte falten, die Mittelpunkte an beiden Enden mit Stecknadeln markieren und auseinander falten. Rechts auf rechts und mit den Schnittkanten aneinander ein Ende des Seitenstreifens (D/E) mittig an die markierte Kante des Hauptteils (C) stecken, die an der Vorderseite liegen wird. Das andere Ende des Seitenstreifens (D/E) genauso arbeiten. Die langen Kanten des Seitenstreifens (D/E) an das Hauptteil (C) setzen, so dass die Nähte genau auf die hinteren Ecken des Hauptteils (C) treffen. Mit 1,5 cm Nahtbreite absteppen, dabei in der hinteren Kante eine Öffnung lassen.

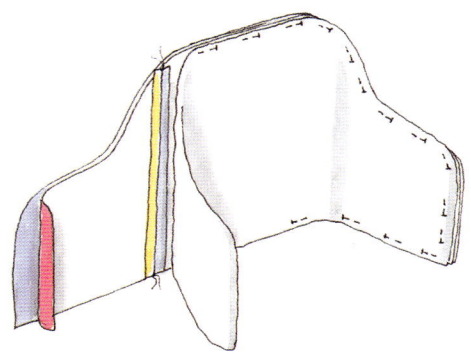

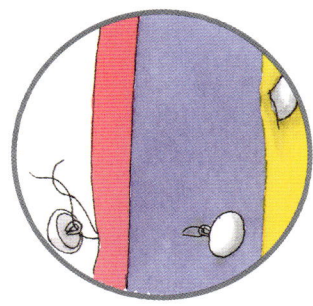

3 Die beiden Teile der Auskleidung (A/B) rechts auf rechts und Schnittkante auf Schnittkante aneinander legen. Die zugeschnittene Wattierung darauf platzieren. Alle drei Lagen zusammenstecken und heften. Die Kanten 1,5 cm breit absteppen, dabei eine Öffnung in der unteren Kante des Rückenteils (A) lassen. Die Wattierung innerhalb der Nahtzugaben zurückschneiden, die Ecken abschrägen, die Nähte stufenweise zurück- und in den Rundungen einschneiden. Die Nahtzugaben auseinander bügeln. Auf die rechte Seite wenden, die Nahtzugaben an der Öffnung nach innen bügeln und mit Saumstichen schließen.

4 Damit sich die drei Lagen nicht verschieben, neben den Nahtlinien absteppen, die das Rückenteil (A) und die Seitenteile (B) verbinden. Die Lagen können auch von Hand durch Einziehen bezogener Knöpfe in regelmäßigen Abständen miteinander verbunden werden. Für eine feste Verbindung mit dem Sessel können Sie die Auskleidung an diesen Stellen mit Stichen durch das Flechtwerk an den Stuhl annähen. (Dies ist schwierig, wenn der Sessel dick oder engmaschig geflochten ist, und natürlich wird dadurch das Abnehmen zum Reinigen erschwert.) Zum Schluss sichtbare Heftfäden entfernen.

5 Schritt 4 wiederholen und damit den Rest von Hauptteil (C) an dem Seitenstreifen befestigen, jedoch hier keine Öffnung lassen. Alle Nahtzugaben zurückschneiden, Ecken abschrägen und bügeln. Auf die rechte Seite wenden und Nahtzugaben an der Öffnung nach innen bügeln. Eine Lage Wattierung um den Schaumstoff wickeln, beide in den Bezug schieben, danach Öffnung mit Saumstichen schließen.

7 Mit der linken Seite nach außen den oberen und unteren Teil des Bezugs an jeder Ecke auseinander ziehen und so die Nähte mittig aufeinander legen. Mit Schneiderkreide an der Nahtlinie den Punkt markieren, der von der Ecke genau den Abstand der halben Schaumstoffstärke hat. Dort im rechten Winkel von der Nahtlinie eine Linie nach oben und unten ziehen; diese ganze Linie hat genau die Länge der Schaumstoffstärke. Stoff entlang dieser Linie stecken und nähen wie abgebildet. Ursprüngliche Nahtzugabe zurückschneiden, nicht den überschüssigen Stoff. Den Bezug auf die rechte Seite wenden. Eine Lage Wattevlies um den Schaumstoff wickeln, beides in den Bezug stecken und die Öffnung mit Saumstichen schließen.

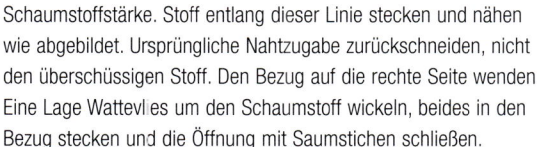

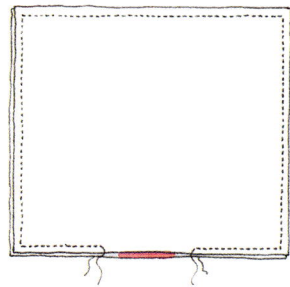

6 Das Rückenpolster ist ebenfalls kastenförmig, hat aber keine Seitenblende. Rechts auf rechts und Schnittkante auf Schnittkante die beiden Kissenteile (F) an allen vier Seiten aneinander stecken. Die Nähte 1,5 cm breit steppen, dabei an der unteren Kante eine Öffnung lassen. Die Nahtzugaben an den Ecken abschrägen, auseinander bügeln.

VARIANTE

Ein Kissen in der Art des obigen Sitzpolsters herstellen, aber mit gerundeter Rücken- und Vorderkante (siehe Seiten 60-61), und dies für ein passendes Fußbänkchen verwenden.

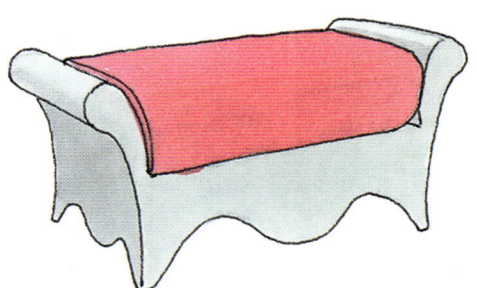

ZWEITEILIGE HUSSE FÜR EINEN REGIESTUHL

Klappstühle wie die leichten Regiestühle sind wunderbar für Balkon, Garten und Picknick. Irgendwann sind Lehne und Sitzfläche ausgeleiert oder ausgeblichen, das Holzgestell ist aber noch einwandfrei. Dann wird es Zeit für eine neue Bespannung!

MATERIALIEN

Fester Leinenstoff/Leinwand/ Markisenstoff
Passendes Maschinenquiltgarn oder anderes reißfestes Nähgarn
Polsternägel und Hammer oder Heftpistole mit Klammern
Große Ösen

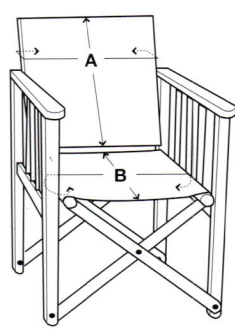

NÄHTECHNIKEN

Ösen (Seite 112)

ABMESSUNGEN

Die alte Bespannung ausmessen, damit die neue nicht zu straff sitzt.

Lehne (A): *Breite:* Um die eine Strebe der Lehne über die Front bis um die zweite Strebe der Lehne plus 5 cm; *Länge:* Höhe der Rückenstreben (oder auch weniger, wenn das besser gefällt) plus 5 cm.

Sitzfläche (B): *Breite:* Um eine der Sitzflächenstreben über den Sitz und um die zweite Strebe plus 5 cm; *Länge:* Länge der Streben der Sitzfläche plus 5 cm.

STOFFVERBRAUCH

Für einen Stuhl von 68 cm Breite benötigen Sie bei 140 cm Stoffbreite etwa 90 cm Stoff.

ZUSCHNITT

1 x A, 1 x B. Teile durch Buchstaben kennzeichnen.

Zuschnittplan bei Stoffbreite von 140 cm

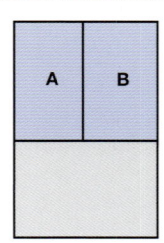

1 Die alte Bespannung abtrennen, ggf. mit einem Japanmesser herunterschneiden.

2 Aus dem neuen Stoff die Teile zuschneiden und alle Schnittkanten mit Zickzackstich einfassen. An der Ober- und Unterkante der Lehne (A) und der Vorder- und Rückkante der Sitzfläche (B) einen Einfachsaum von 2,5 cm umbügeln. Mit einer Doppelnaht steppen. An den Seitenkanten einen einfachen Saum von 2,5 cm umbügeln, noch nicht nähen.

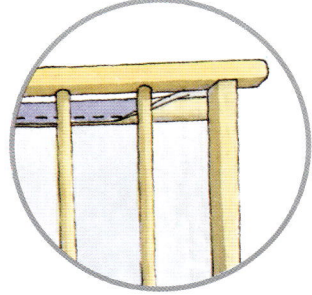

3 Den Stuhl auf die Seite legen und eine Seite der Sitzfläche (B) um die entsprechende Strebe des Stuhls wickeln, so dass die untergeschlagene Kante von (B) auf der Rückseite parallel zur Kante der Strebe liegt. Von der Mitte ausgehend den Stoff mit Nägeln oder Klammern am Stuhl befestigen.

4 Den Stuhl umdrehen und die andere Seitenkante der Sitzfläche (B) ebenso an der gegenüberliegenden Strebe befestigen. Gleich anfangs die Passform überprüfen und falls nötig korrigieren, bevor die ganze Kante fertig gestellt wird.

5 Die Lehne (A) auf gleiche Weise an den beiden Rückenstreben des Stuhls befestigen; dabei liegen die umgeschlagenen Kanten des Stoffs an den rückwärtigen Innenkanten des Stuhls. Wo der Stuhl mit Schrauben oder Muttern befestigt ist, die durch den Stoff hindurchgehen, diese herausschrauben; die Holzstreben vom Stuhlrahmen abnehmen. Eine Stoffkante um eine Strebe wickeln wie in Schritt 3 und die Position der Schraubenlöcher auf dem Stoff markieren; an der anderen Seite wiederholen. Passform des Bezugs am Stuhl prüfen. An den markierten Stellen Ösen anbringen. Den Stoff wie in Schritt 3 an der Strebe befestigen, dabei die Ösen über die Schraublöcher setzen.

6 Die zweite Seite der Lehne (A) an der zweiten Strebe mit einigen wenigen Nägeln oder Klammern befestigen, zunächst den Sitz überprüfen und danach ganz befestigen. Den Stuhl wieder zusammensetzen.

VARIANTE

Wenn die Rückenlehne nur bis zu den Armlehnen reicht, können Sie an den Seiten der Lehne Tunnel nähen (mit doppelt verstärkten Nahtlinien!) und diese über die Streben streifen. Die Tunnel müssen jeweils etwa 6-10 cm breit sein.

Nähtechniken

DER STOFF

Wahrscheinlich gefällt Ihnen ein bestimmter Stoff wegen seiner Farbe und Struktur, aber seine Eignung für ein Vorhaben hängt noch von einigen Überlegungen ab. Wählen Sie den Stoff mit Bedacht und vernachlässigen Sie auch die Vorbereitungen nicht.

EIGNUNG EINES STOFFS

Obwohl Stoff für einen Bezug nicht so fest sein muss wie Polsterstoff, ist die Strapazierfähigkeit ein wichtiger Punkt. Mittelschwerer, dichter Dekorationsstoff ist meist die beste Wahl. Vermeiden Sie dickes oder sehr schweres Material, besonders, wenn für den Bezug durch mehrere Stofflagen genäht werden muss. Auch stark strukturierte Stoffe sind weniger geeignet.

Überlegen Sie, ob der Bezug waschbar sein soll; wenn ja, muss der Stoff natürlich farbecht sein und darf nicht eingehen.

Bei Stoffen mit Glanzausrüstung wie bei Chintz oder einer anderen Veredelung, die sie zum Beispiel schwer entflammbar, knitterarm, schmutzabweisend oder mottensicher macht oder vor dem Ausbleichen oder der Verrottung schützt, ist chemische Reinigung notwendig.

Die Materialzusammensetzung ist ein weiteres Auswahlkriterium. Naturfasern wie Baumwolle und Leinen können beim Waschen eingehen, während synthetische Fasern zwar kaum eingehen und knittern, aber eher Schmutz anziehen. Ein Fasergemisch kann hier die ideale Kombination von Eigenschaften liefern.

Informationen über die Pflege, die Ausrüstung und die Faseranteile sind meist bei den Angaben zum Stoff aufgeführt und manchmal auch auf die *Webkante* einer Stoffbahn gedruckt.

LINKS: Hier wurden die Lehnen der Gartenstühle mit karierten Stoffhüllen versehen. Die Nähanleitung auf Seite 103 kann auch für einen Überzug der ganzen Lehne verwendet werden.

MUSTER UND RICHTUNG

Zu Beginn ist es ratsam, keine Stoffe mit großflächigen Mustern zu nehmen, weil die Platzierung der Motive und der Musteranschluss an den Nähten (siehe Seite 104) Schwierigkeiten bereiten können. Wählen Sie stattdessen einen unifarbenen Stoff oder einen klein- und unregelmäßig gemusterten. Bedenken Sie, dass ein großer *Rapport* (Abstand von einem Punkt des Mustermotivs zum gleichen Punkt im nächsten wiederkehrenden Motiv) den Stoffverbrauch größer und den Bezug daher teurer macht. Wenn Sie einen gemusterten Stoff wählen, achten Sie darauf, dass das Muster dem Fadenlauf folgt. Kleine Abweichungen sind oft nicht vermeidbar.

Einige Stoffe weisen eine Richtung auf. Bei Stoffen mit *Flor* oder *Pol* (wie Samt, Velours oder Chenille) oder einer gerauten Oberfläche (wie Flanell) müssen daher die Teile je in der gleichen Richtung liegen, denn die Oberfläche weist in der einen Richtung eine dunklere Schattierung auf als in der anderen. Stoffe mit Flor sollten vor dem Nähen geheftet und in Richtung des Strichs genäht werden.

STOFF VORBEREITEN

Hat die alte Polsterung eine fühlbare Struktur oder dunkle oder grelle Farben, kann es nötig sein, den Bezug zu füttern, damit der alte Stoff nicht durchscheint.

Wenn der Stoff – und auch die Kederschnur, die Sie verwenden – nicht einlaufbeständig sind, müssen Sie den Stoff zunächst einlaufen lassen, indem Sie ihn waschen und dann trockenbügeln oder in der chemischen Reinigung dämpfen lassen. Bügeln Sie den Stoff stets von der linken Seite.

Vor dem Ausmessen oder Zuschnitt muss der Stoff begradigt werden. Dafür schneidet man die Kanten so zu, dass sie zueinander im rechten Winkel stehen, und folgt dabei dem Muster, soweit vorhanden.

Begradigen ungemusterter Stoffe

1 Den Stoff auf einer großen und sauberen Fläche ausbreiten, wenn nötig überhängenden Stoff abstützen, damit das Gewicht den Stoff nicht aus der Form zieht. Den Stoff auf fehlerhafte Stellen untersuchen.

2 An einem Ende des Stoffs die Webkante einschneiden und einen Gewebefaden quer zur Webkante (Schussfaden) herausziehen. Entlang dieser entstandenen Linie schneiden. Am anderen Ende des Stoffstücks wiederholen.

3 An die Schnittkante einen Winkelmesser anlegen. Liegt die Webkante genau rechtwinklig zur Schnittkante, schneiden Sie sie ab. Liegt die Webkante nicht im rechten Winkel zur Schnittkante, mit Schneiderkreide am Winkelmesser entlang eine Linie auf den Stoff zeichnen und an dieser entlang die Webkante abschneiden. Am anderen Stoffende wiederholen.

Begradigen gemusterter Stoffe

1 Bei karierten Stoffen und anderen, die Elemente in Schussrichtung – von Webkante zu Webkante - aufweisen, mit Schritt 1 für ungemusterte Stoffe beginnen.

2 Entlang der Musterlinie schneiden, auch wenn das Muster nicht ganz dem Fadenlauf folgen sollte. Am anderen Ende des Stoffs wiederholen.

3 Fortfahren wie in Schritt 3 für ungemusterte Stoffe.

> **ANPROBE**
> Bei Stoffen, die einen Musteranschluss erfordern oder teuer sind, aber auch bei einem komplizierten Entwurf sollten Sie zunächst einen Probebezug aus Nessel arbeiten und dessen Teile dann als Muster für den Bezug verwenden. Dieses Vorgehen könnte sich am Ende als billiger erweisen.

DIE STOFFTEILE

Die richtige Größe und Anordnung der Stoffteile zu bestimmen, kann je nach Bezug und Stoffmuster eine leichte oder eine komplizierte Aufgabe darstellen.

ABMESSUNGEN

In diesem Buch werden für jedes Projekt die Stoffteile und ihre Maße genau angegeben. Zunächst werden Rechtecke aus Stoff oder aus Papier (siehe *Schablonen*, unten) hergestellt, die dann an das entsprechende Teil des Möbelstücks angepasst werden (siehe *Anpassen der Teile*, Seite 102). Die Länge eines solchen Rechtecks entspricht beispielsweise der Länge des jeweiligen Stuhlteils, gemessen zwischen seinen äußersten Punkten, plus Nahtzugabe (siehe *Zugaben*, unten). Die Breite ist die Breite des jeweiligen Stuhlteils, gemessen zwischen den äußersten Punkten, plus Nahtzugabe. Es muss daher jeder Teilabschnitt ausgemessen werden, wie jeweils unter »Abmessungen« beschrieben.
- Länge und Breite dürfen nicht verwechselt werden. Die Länge entspricht Abmessungen in Längsrichtung des Stoffs, also dem Fadenlauf entlang; die Breite den Abmessungen quer zur Stoffbahn, also von Webkante zu Webkante. Es kommt vor, dass die Länge weniger misst als die Breite.
- Beim Ausmessen einer stark gerundeten Fläche, deren Form der Bezug folgen soll, muss die Strecke entlang der Außenkurve gemessen werden, nicht die gerade Strecke von Kante zu Kante. Dafür eignet sich ein flexibles Maßband oder ein Stück Schnur.

ZUGABEN

Zu jeder Abmessung müssen Zugaben für Nähte, Säume, *Spiel* (damit der Bezug übergestreift werden kann), Verschlüsse, Falten und Verankerungen hinzugerechnet werden. Die Summe der Zugaben ist jeweils unter »Abmessungen« angegeben.

Zum Anpassen der Stoffteile
Bei Projekten, bei denen die Stoffrechtecke während des Steckens in Form gebracht werden (siehe *Anpassen der Teile*, Seite 102) ist die Zugabe reichlich bemessen, damit es Handlungsspielraum gibt.
- Für Spiel, Nähte und Säume wurden anfänglich etwa 5 cm berücksichtigt, am Ende werden die Nahtzugaben in der Regel auf 1,5 cm gekürzt.
- *Polstereinschübe*, also zusätzliche Stofftaschen, die zwischen die Polster in den Korpus geschoben werden, um den Bezug am Verrutschen zu hindern, sollten je nach Modell 7,5–15 cm breit sein. Hier wurden je 15 cm berücksichtigt. Wenn der Sessel oder das Sofa keine tiefen Polsterritzen aufweist, kann man weniger zugeben.
- Für Falten sind 15 cm veranschlagt, sie können jedoch ganz nach Geschmack auch schmaler genäht werden.

Bei Schablonen
Bei Projekten, bei denen Schablonen aus Papier gefertigt werden (siehe unten), um die Stoffformen exakt zuzuschneiden, sind die Maßangaben präziser.
- Normalerweise betragen die Nahtzugaben 1,5 cm, bei Säumen 5 cm.
- Spiel, sofern vorhanden, ist mit 0,5–1 cm berücksichtigt.

Bei Rockteilen und Kissen
- Wurde die Form des Bezugs direkt am Stuhl angepasst, ist für dessen Rock mit Falten kein Spiel eingerechnet.
- Für Kissen und Polsterbezüge ist ebenfalls kein Spiel eingerechnet; der Bezug für ein Kissen oder Polster darf etwas kleiner sein, damit die Teile praller wirken.

STOFFVERBRAUCH

Wenn die exakten Abmessungen feststehen, ersehen Sie bei jedem Projekt aus den Angaben unter »Zuschnitt«, wie oft Sie jedes Teil benötigen. Daraus errechnet sich der Stoffverbrauch. Der »Zuschnittplan« gibt an, wie die Teile auf dem Stoff platziert werden müssen, und die Angaben unter »Stoffverbrauch« enthalten die Gesamtmeterzahl auf der Grundlage dieses Plans. Natürlich ist die benötigte Stoffmenge auch von den Abmessungen Ihres Möbelstücks und des Stoffs abhängig. Daher ist es am besten, einen eigenen Zuschnittplan anzufertigen, die Maße jedes Teils hineinzuschreiben und am Ende die Stoffmenge zu addieren. Ein Aufzeichnen auf Millimeterpapier macht das Ganze leichter überschaubar und ist geeignet, die Berechnungen zu überprüfen.

Die gebräuchlichste Stoffbreite für Dekorationsstoffe beträgt 140 cm, einige Stoffe liegen aber nur 110 cm breit, andere wiederum 150 cm oder sogar mehr. Für den Bezug für ein Sofa oder einen breiten Sessel kann ein Stoff in Überbreite günstig sein, weil er das Zusammensetzen von Teilen aus mehreren Bahnen erspart.

Zugaben für das Muster
Beim Erstellen eines eigenen Zuschnittplans ist das Stoffmuster zu berücksichtigen.
- Weil große Mustermotive sorgfältige Platzierung erfordern, wird in der Breite Stoff vergeudet. Dies ist für den Zuschnittplan zu berücksichtigen.
- Extrabedarf für den Musterrapport berechnen: Teile zählen, die in Längsrichtung des Zuschnittplans eingezeichnet sind, davon eins abziehen. Ergebnis mit der Größe des Rapports multiplizieren. So geht aus dem Plan auf Seite 12 hervor, dass 10 Teile der Länge nach aus dem Stoff zu schneiden sind. Beträgt der Rapport 10 cm, multipliziert man 9 (10 Teile minus eins) mit 10 cm und erhält eine Zugabe von 90 cm. Für jedes Projekt sind die Zugaben für den Musterrapport unter »Stoffverbrauch« angegeben; sie beziehen sich nur auf den Zuschnittplan im Buch.

SCHABLONEN

Während sich Polstermöbel und Kissen in T-Form gut dafür eignen, dass man die Form der Stoffteile für den Bezug direkt beim Stecken an sie anpasst (siehe Seite 102), ist es bei Bezügen für Holzstühle, Tische und Kissenformen leichter, mit Schablonen zu arbeiten. Bei den in diesem Buch verwendeten Schablonen sind die Nahtzugaben berücksichtigt.

Anfertigung einer Schablone für einen Stuhlsitz

1 Aus Papier ein Rechteck in den angegebenen Maßen zuschneiden und auf den Stuhl legen. Je nach Stuhl entlang der Hinterkante oder zwischen den Holmen so knicken, dass sich die hintere Kante der Sitzfläche abzeichnet. Ebenfalls über die Seitenkanten und die Vorderkante des Sitzes falzen, damit diese sich abzeichnen.

2 Angegebene Nahtzugabe rings um die Falze abmessen; in diesem Abstand mit einem Stift den Umriss der Form aufzeichnen. Die Position von Bändern neben den Stuhlholmen ebenfalls einzeichnen.

3 Schablone in der Mitte von links nach rechts falten; den Umriss beider Hälften angleichen, damit die Schablone symmetrisch wird; anschließend ausschneiden.

MUSTERANSCHLUSS

Der Musteranschluss und das Platzieren von Motiven sind vorzunehmen, bevor die Stoffteile zugeschnitten werden. Muster an benachbarten Teilen müssen sich anschließen. Auch muss das Muster symmetrisch liegen und ein etwa vorhandenes vorherrschendes Motiv auf der Vorder- und der Rückseite der Lehne, dem Sitz und der Vorderseite mittig ausgerichtet sein. Genauso wichtig ist die Musterausrichtung auf der Stirnseite einer Armlehne.

Zusätzlich ist zu beachten, dass das Muster auf der Innenfläche der Rückenlehne, über dem Sitz und an der Front des Möbelstücks hinunter bis zum Boden abwärts verläuft. Auch an der Rückseite der Lehne muss es von oben nach unten verlaufen, ebenso wie an den Innen- und Außenflächen der Armlehnen. Gleichzeitig ist zwischen den Innen- und Außenflächen der Musteranschluss zu wahren. Auch die Teile von Sitzkissen und Rückenpolstern müssen aneinander passen.

• Die präzise Ausrichtung des Musters und die Platzierung des Motivs werden leichter, wenn beim Anpassen der Stoffteile am Stuhl der Stoff mit der Schauseite nach außen liegt.

OBEN: Anfänger/innen wählen am besten einen ungemusterten oder kleingemusterten Stoff wie diesen Drell.

• Berücksichtigen Sie auch, dass der Stoffanschluss an den Nahtlinien gegeben sein muss, nicht an den Schnittkanten. Bei einer Zugabe von 10 cm oder mehr macht dies einen gewaltigen Unterschied.

Richtung des Stoffs

Hat der Stoff eine Richtung, muss beachtet werden, dass das Muster (oder ggf. der Strich) von oben nach unten bzw. von hinten nach vorn verläuft. Daher bestehen die Innen- und Außenflächen der Armlehnen (sowie die Innen- und Außenflächen der Rückenlehne) bei Bezügen aus gerichteten Stoffen aus zwei Teilen. Bestünden diese Teile aus einer Stoffbahn, wären etwa bei der Innenfläche der Armlehne Muster wie Strich gegenläufig zu denen der Außenfläche. Und wäre die Armlehne hinten höher als vorn, würde dies bei nur einem Stoffteil bedeuten, dass das Muster an der Innenfläche der Armlehne nicht rechtwinklig zur Sitzfläche stünde.

STOFFTEILE ZUSAMMENSETZEN FÜR SOFAS

Wird der Stoff mit der Ausrichtung von oben nach unten auf einem Sofa ausgelegt, ist er vermutlich zu schmal. Es müssen daher mehrere Stoffbahnen aneinander gefügt werden, um ein Teil zu erhalten, das breit genug ist.

Die Nähte an all diesen Teilen sollten aufeinander treffen und auch auf die Kanten von etwaigen Kissen. Besser als eine Mittelnaht sieht es aus, wenn drei Teile aneinander gesetzt werden. (Die Ausnahme dabei bildet ein Zweisitzersofa mit zwei Sitz- und zwei Rückenpolstern). Wo es nötig ist, mehrere Teile zu einem zusammenzufügen (z.B. für A), ist dies in den Zuschnittplänen beispielsweise mit A1, A2, A3 angegeben.

ZUSCHNITT UND MARKIEREN

Ob der Umriss der Teile anhand von Schablonen übertragen wird oder ob die Rechtecke nach dem Ausmessen direkt auf den Stoff gezeichnet werden, das Anzeichnen der Teile erfolgt stets auf der rechten Stoffseite mit Schneiderkreide. Für senkrechte Teile gilt, dass der Fadenlauf im rechten Winkel zum Fußboden verlaufen sollte. Die Teile mit einer großen Stoffschere zuschneiden.

Den Buchstaben, der den entsprechenden Abschnitt des Bezugs bezeichnet, mit Schneiderkreide auf die linke Stoffseite schreiben. Ebenso das obere Ende und die Richtung des Fadenlaufs kennzeichnen, sofern diese nicht klar ersichtlich sind. Die Mittelpunkte der Innen- und Außenteile der Rückenlehne, des Sitzes und des Frontteils können mit Stecknadeln markiert werden.

ANPASSEN DER TEILE

Hier wird die traditionelle Technik für das Nähen von Bezügen erläutert.

Bei Polstermöbeln

Diese Technik funktioniert am besten bei Polstermöbeln. Bezüge für Polsterstühle, Sessel und Sofas werden auf die gleiche Weise gearbeitet – der Unterschied besteht nur darin, dass für Sofas mehrere Stoffbahnen zusammengesetzt werden müssen (siehe oben).

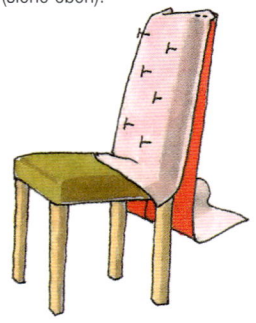

1 Stoffrechtecke nach und nach auf dem Sessel oder dem Sofa auslegen. Die Mittelpunkte so ausrichten, dass sie übereinander liegen. Stoffteile dann mit Stecknadeln am Polster fixieren; dafür die Nadeln rechtwinklig zum Polster einstecken. Soll der Bezug eng anliegen, muss der Stoff mit der rechten Seite nach außen gesteckt werden, denn Polstermöbel sind nicht immer symmetrisch. Wenn der Bezug eine lockere Passform haben soll, können die Teile mit der linken Seite aufgelegt und festgesteckt werden.

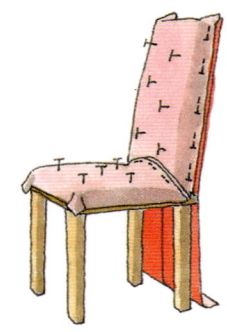

2 Meist werden Vorder- und Rückenteil der Lehne zuerst gesteckt, dann der Sitz. Es folgen bei Sessel oder Sofa die Innen- und Außenflächen der Armlehnen sowie, je nach Stil des Möbelstücks, die Stirnseite der Armlehne, dann das Frontteil und, falls es sich um einen Ohrensessel handelt, Innen- und Außenflächen der Ohrenteile. *Einsatzstreifen* (schmale rechteckige Stoffstreifen, die zwischen zwei mehr oder weniger parallel zueinander laufenden Stoffteilen eingefügt werden) oder *Keile* (kleinere unregelmäßige Teile, die zwischen zwei Stoffteile gesetzt werden) werden bearbeitet, wenn die benachbarten Teile gesteckt werden. Sitz- und Rückenpolster werden separat gearbeitet.

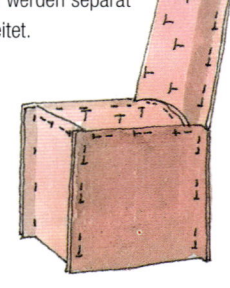

3 Stoffteile beim Ansetzen entlang der Nähte so aneinander feststecken, dass sie straff sitzen, aber nicht spannen. Stecknadeln dicht hintereinander parallel zur Nahtlinie platzieren. Das *Formen der Teile* (siehe Seite 108) wird während des Steckens vorgenommen, und der Überschuss an den Nahtzugaben nach und nach auf 2,5 cm zurückgeschnitten. Damit sich der Stoff um die Ecken legt, müssen die Nahtzugaben an einigen Ecken (siehe Seite 105) eingeschnitten werden, diese Einschnitte dürfen jedoch nicht zu tief sein, denn vergrößern lässt sich ein Einschnitt später immer noch, verkleinern aber nicht! Die Polstereinschübe (siehe Seite 114) werden ebenfalls jetzt vorbereitet.

4 Nahtlinien auf der Stoffrückseite anzeichnen. Liegt der Stoff bereits mit der linken Seite nach außen, mit Schneiderkreide die gesteckten Linien nachzeichnen. Liegt er mit der rechten Seite nach außen, müssen zunächst die Nähte geöffnet werden, bevor die Nahtlinien auf der linken Stoffseite aufgezeichnet werden können.

5 Dann die Stecknadeln aus den Polstern ziehen; Bezug vom Stuhl nehmen. Die angezeichneten Nahtlinien mit Schneiderkreide und einem Lineal begradigen, dabei den Bezug nicht verkleinern. Nahtzugaben auf 1,5 cm zurückschneiden.

6 Wurde der Bezug rechts auf rechts gesteckt, ist jetzt der Zeitpunkt, um Keder (siehe Seite 120) in die Nähte einzulegen. Der Bezug ist nun bereit zum Nähen.

7 Sind die Teile links auf links gesteckt, müssen sie vor dem Nähen rechts auf rechts gesteckt werden. Es ist sinnvoll, vor dem Öffnen der Nähte die genaue Position der Stoffteile durch *Einschnitte* zu markieren. Dazu werden, solange die Teile noch aufeinander liegen, gleichzeitig beide Nahtzugaben einer Naht im Abstand von 5 cm V-förmig eingeschnitten (zur Unterscheidung mit einfachem, zweifachem oder dreifachem V). Diese Kerben werden beim Neustecken aufeinander gelegt und helfen so beim exakten Ausrichten der Teile. Nie alle Stecknadeln auf einmal entfernen, sondern abschnittsweise öffnen und rechts auf rechts zusammenstecken. Die angezeichneten Nahtlinien (und ggf. die Kerben) zur Orientierung verwenden; ggf. in den Nähten Keder mitfassen.

8 Nähte steppen, bügeln und Nahtzugaben versäubern (siehe Seite 104). Wenn der Bezug einen Rock hat, diesen zusammensetzen, Falten legen (siehe Seite 108) und an den Bezug steppen. Gibt es keinen Rock, wird die Unterkante des Bezugs meist gesäumt (siehe Seite 107) und evtl. auf der Möbelunterseite befestigt (siehe Seite 114). Evtl. einen Reißverschluss oder anderen Verschluss einarbeiten (siehe Seite 112).

Bei Möbeln ohne Polster

Auch über ungepolsterten Stühlen kann man die Stoffteile beim Anstecken formen, nur können sie nicht an ein Polster gesteckt werden.

Eine Hülle aus Stoffresten, die genau über die Rückenlehne des Stuhls passt, bietet einen Untergrund, auf dem die Teile festgesteckt werden können.

Nähanleitung für eine Hülle

1 Für eine Hülle aus Stoffresten zwei Stoffrechtecke zuschneiden; groß genug, um Vorder- und Rückseite der Lehne zu bedecken. Rechtecke an die Lehne legen und Ober- und Seitenkanten zusammenstecken. 1,5 cm Nahtzugabe berücksichtigen. Bildet die Oberkante eine gerade Linie, kann die Hülle aus einem einzigen Stoffteil genäht werden, das in der Mitte gefaltet wird. Ragen die Stuhlpfosten über die Querstrebe hinaus, kann man die Ecken der oberen Naht einfach offen lassen. Nähte steppen. Hülle auf die rechte Seite wenden und über die Stuhllehne streifen.

2 Soll nach diesem Muster ein Bezug für eine Stuhllehne hergestellt werden, Schritt 1 ausführen. Vor dem Wenden des Teils an den Nahtzugaben die Ecken der Oberkante abschneiden, ebenso an Rundungen die Nahtzugaben einschneiden. An der Unterkante einen schmalen Saum umbügeln und von Hand oder mit der Maschine festnähen.

RECHTS: Bei diesem Bezug wurden Keile zwischen dem Lehnenvorder- und Rückenteil angebracht. (Siehe auch Projekt auf S. 26-29.)

NÄHTE

In einem Bezug stecken wohl mehr Nähte als in irgendeinem anderen Nähprojekt. Mit Nähten zurechtzukommen, die scheinbar in alle Richtungen abgehen, mag zunächst verwirrend erscheinen, aber in kleine Schritte aufgeteilt wird das Vorhaben durchaus übersichtlich.

HEFTEN

Ob dies von Hand geschieht oder mit der Maschine, Heften bedeutet, dass mit langen Stichen genäht wird, die wieder aufgetrennt werden können. Das Heften dient dazu, Stofflagen provisorisch zusammenzuhalten.

Geheftet werden sollte auch, wo es unmöglich ist, Stecknadeln vor dem Nähen leicht zu entfernen (etwa am Keder, an Reißverschlüssen oder an den Oberkanten von Falten), oder auch, wenn komplizierte Nähte zu nähen sind. Hierzu zählen Nähte, die nicht gesteckt werden können oder die beim Nähen leicht verrutschen, Nähte, die Ecken einschließen (siehe Seite 106) und Nähte in samtartigen Stoffen. Viele geübte Schneiderinnen und Schneider ziehen es vor, alle Nähte vor dem Nähen zu heften.

Beim Heften mit der Maschine wird ein langer Geradstich verwendet; von Hand arbeitet man einen langen Vorstich. Nach dem Nähen die Heftstiche an sichtbaren Stellen entfernen, auch dort, wo sie es verhindern, dass sich die Zugabe flach legt.

STEPPEN DER NÄHTE

Für Nähte von Bezügen nimmt man meist einen einfachen Geradstich. Die Stiche sind auf der rechten Stoffseite nicht sichtbar.

> **SCHNELLES TRENNEN**
> Um maschinengenähte Heftstiche schnell aufzutrennen, in regelmäßigen Abständen den Oberfaden durchschneiden (die Abstände hängen von der Art des Stoffs ab) und den Unterfaden ziehen.

1 Stoffteile rechts auf rechts aufeinander legen, Schnittkanten der zu arbeitenden Naht genau übereinander. Naht in regelmäßigen Abständen zusammenstecken – an Rundungen oder Stellen, wo Stoffweite eingehalten werden muss, Stecknadeln in dichter Abfolge stecken. Wenn die Bezugteile gesteckt und angepasst werden (siehe Seite 102), Stecknadeln direkt hintereinander platzieren. Beim Nähen müssen die Nadeln nach und nach entfernt werden. Daher die Nadeln mit den Köpfen nach unten einstecken (Schnittkanten rechts von den Nadeln), denn so können sie beim Nähen leicht herausgezogen werden. Die Nadeln können auch rechtwinklig zur Nahtlinie gesteckt werden, damit man über sie hinwegnähen kann (prüfen Sie das Handbuch Ihrer Nähmaschine). Manchmal ist es besser, die Naht von Hand zu heften und die Stecknadeln vor dem Nähen zu entfernen.

2 Stellen Sie die Stichlänge der Maschine auf 4-5 Stiche pro cm. Mit den Schnittkanten zur rechten Seite und der Stoffmenge zur linken die Naht im angegebenen Abstand zur Schnittkante steppen. 1,5 cm breite Nahtzugaben sind üblich, und danach richten sich auch die Angaben in diesem Buch, außer bei Verschlüssen, wo die Nahtzugaben meist mit 2,5 cm Breite veranschlagt sind. Manchmal, etwa beim Nähen von Bändern, sind die Nähte nur 1 cm breit. Verfügt Ihre Maschine über Führungslinien, richten Sie sich danach, damit die Nähte eine gleich bleibende Breite erhalten. Gibt es diese nicht, können Sie sich mit einem Führungslineal oder einem Stück Klebeband behelfen.

3 An den Enden einer Naht jeweils ein paar Stiche rückwärts nähen, um die Fäden zu befestigen – dies ist dann wichtig, wenn in der Naht eine Öffnung gelassen werden muss. Die Fäden können auch durch Verknoten gesichert werden.

MUSTERANSCHLUSS AN NÄHTEN

Mit folgendem Trick wird der Musteranschluss wesentlich erleichtert.

1 Nahtzugaben an einer Kante umbügeln und mit dieser umgebügelten Kante die Nahtzugabe des zweiten Teils überlappen, so dass beide Teile mit der rechten Seite nach oben und ihre Schnittkanten deckungsgleich übereinander liegen.

2 Teile schieben, bis der genaue Musteranschluss hergestellt ist; Naht feststecken. Das obere Teil umklappen, ohne die Nahtzugabe zu bewegen; Teile von links entlang der Nahtlinie zusammenstecken. Evtl. von rechts zusammenheften, dabei lange Saumstiche verwenden (Seite 111).

NÄHTE BÜGELN

Gerade Nähte vor dem Versäubern bügeln, Nähte an Rundungen, nachdem sie versäubert und eingeschnitten wurden. Am besten die Nähte nach dem Nähen bügeln.

Zunächst die Naht flach bügeln, um die Stiche einzubetten, danach von der linken Seite auseinander bügeln. Falls sich die Kanten der Nahtzugaben auf der rechten Stoffseite durchgedrückt haben, mit der Spitze des Bügeleisens bügeln.

NÄHTE VERSÄUBERN

Damit die Schnittkanten von Nähten nicht ausfransen, müssen sie auf die eine oder andere Art versäubert werden. Die Kanten *absteppen* und *auszacken* ist eine einfache Methode. Dafür im Abstand von 1 cm von der Schnittkante eine Naht steppen und die Schnittkante mit der Zackenschere beschneiden.

Die Schnittkante mit *Zickzackstich* zu versäubern, ist eine dauerhaftere Möglichkeit. Wenn es sich um lange gerade Nähte handelt, kann die Schnittkante bereits vor dem Nähen mit Zickzackstich umsäumt werden, ansonsten danach. Es ist einfacher, die Nähte gleich nach dem Nähen

NÄHTE

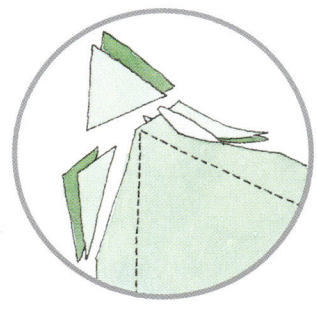

An *außen liegenden* Ecken die Spitze der Nahtzugabe abschneiden. Bildet die Ecke einen spitzen Winkel, die Nahtzugaben auch rechts und links von der Spitze anschrägen. An *innen liegenden* Ecken die Nahtzugabe einschneiden.

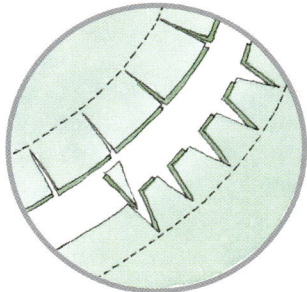

Damit sich die Nähte an gerundeten Teilen flach legen, muss die Nahtzugabe in regelmäßigen Abständen eingeschnitten werden. Mit der Spitze einer scharfen Schere arbeiten; dabei darf die Steppnaht natürlich nicht durchtrennt werden.

OBEN: Bei Stoffen mit einem ausgeprägten Muster ist der Musteranschluss an den Nähten sehr wichtig. Nähanleitungen finden Sie auf den Seiten 18-21 und 76-77, für die Bogenkante auf Seite 116.

einzeln zu versäubern, als nach der Fertigstellung des gesamten Bezugs. Für den Zickzackstich mittlere Stichbreite und kurze Stichlänge einstellen. Die Kanten einzeln und knappkantig nähen. Dabei darf sich die Nahtzugabe weder dehnen noch zusammenziehen. Eine Overlockmaschine steppt die Naht und versäubert und beschneidet die Kanten in einem Arbeitsgang.

NÄHTE ZURÜCK- UND EINSCHNEIDEN

Wenn eine Naht sehr aufträgt, hilft es, die Nahtzugabe halb zurückzuschneiden.

Wenn eine Naht umschlossen ist oder eine Ecke bildet, wird die Nahtzugabe *stufenweise zurückgeschnitten*, um überschüssigen Stoff zu beseitigen. Dafür zunächst an beiden Schnittkanten der fertigen Naht die Nahtzugaben auf die Hälfte zurückschneiden, dann die Nahtzugabe, die am weitesten von der Außenkante des Bezugs entfernt liegt, noch weiter kürzen. Enthält eine Naht mehrere Lagen Stoff, die alle in dieselbe Richtung gelegt und nicht auseinander gebügelt werden, wird jede auf eine geringfügig andere Breite gekürzt. Dabei jedoch nicht zu nah an die Nahtlinie heranschneiden.

Bei sich kreuzenden Nähten die Nahtzugaben der zuerst genähten Naht so weit wie möglich zurückschneiden.

Manchmal muss bereits beim Zusammenstecken der Teile eine Nahtzugabe eingeschnitten werden, damit sich der Stoff beim Stecken und Nähen flach legt. Dazu die Einschnitte nicht tiefer als 1 cm schneiden; nach dem Nähen können sie noch in Richtung Nahtlinie vertieft werden.

Wenn möglich vor dem Einschneiden auf den einzelnen Stofflagen der Nahtzugabe eine Naht knapp neben der Nahtlinie steppen, so können die Einschnitte nicht in die eigentliche Verbindungsnaht hinein ausfransen. Eine solche Naht wird als *Verstärkungsnaht* bezeichnet.

RECHTS: Die Nähanleitung für diese Husse ist, abgesehen von der Rückenpartie, die gleiche wie für den Sofabezug auf den Seiten 22-25; für die Gestaltung des Rückenteils siehe Seiten 26-29.

NÄHTE VON RECHTS STEPPEN

Werden Nähte von der Schauseite her abgesteppt oder übersteppt, sollte die Nahtlinie besonders gerade sein. Die Führungsmarkierung auf der Nähmaschinenstichplatte wird dabei vom Nähgut verdeckt, deshalb richtet man sich nach dem Nähfuß. Ein Wattierfuß oder Kantenfuß mit Lineal kann hilfreich sein. Dieselbe Funktion erfüllt eine Heftnaht oder ein Stück Klebeband, das auf den Stoff geklebt wird.

- Einfache Übersteppnaht: Nahtzugaben zu einer Seite umbügeln; von der rechten Stoffseite etwa im Abstand von 1 cm neben der Nahtlinie durch alle Lagen absteppen.
- Doppelsteppnaht: Naht auseinander bügeln; von der rechten Seite etwa 1 cm von der Nahtlinie entfernt durch je beide Stofflagen absteppen. Auf der anderen Seite der Nahtlinie wiederholen, dabei jeweils an dem gleichen Ende beginnen.

ECKEN

Bezüge haben mehr Ecken als jede andere Form des Nähens für den Hausgebrauch.

Nähen einer Ecke an zwei glatt liegenden Stoffteilen

1 Bis zur Quernaht der angrenzenden Kante nähen. Die Nahtlinie der angrenzenden Kante anzeichnen. Dafür das Schwungrad der Maschine verwenden.

2 Am Eckpunkt anhalten, mit der Nadel im Stoff den Nähfuß heben und die Arbeit um 90 Grad drehen – nun liegt die angrenzende Kante in Nährichtung.

3 Nähfuß senken. Nahtlinie weiterführen.

- Zur Stärkung der Ecke etwa 2,5 cm vor und hinter der Ecke kürzere Stiche nähen.
- Bei dickem Stoff mit ein paar kurzen Stichen diagonal durch die Spitze der Ecke nähen, dabei am Anfang und Ende der diagonalen Naht die Arbeit mit der Nadel im Stoff je um 45 Grad drehen.

Eine gerade Kante an eine außen liegende Ecke setzen

Bezüge enthalten eine Menge dieser Ecken, zum Beispiel, wenn an einer Armlehne ein Einsatzstreifen um die Ecke eines angrenzenden Stoffteils läuft.

1 Das gerade Stoffteil oben liegend mit dem anderen Teil zusammenstecken, dabei entlang der Nahtlinie bis zur Nahtlinie der angrenzenden Kante stecken. Genau auf Höhe der Ecke des anderen Stoffteils die Nahtzugabe des geraden Stoffteils diagonal einschneiden. Sorgfältigst darauf achten, dass der Einschnitt nicht über die Nahtlinie hinaus reicht. Im Idealfall zuerst zu beiden Seiten der Ecke knapp neben der Nahtlinie eine Verstärkungsnaht (siehe Seite 105) nähen, damit der Einschnitt nicht bis in die Nahtlinie ausfranst; dies wird jedoch nicht immer möglich sein.

2 Das gerade Stoffteil flach ausbreiten: Der Einschnitt bildet eine L-Form. Die Schnittkante auf der einen Seite des Einschnitts soll rechtwinklig zur Schnittkante

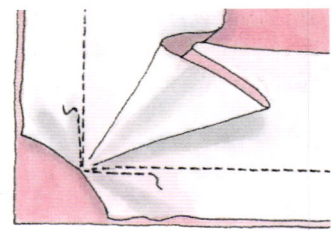

auf der anderen Seite des Einschnitts liegen; beide sollen sich exakt auf den Schnittkanten des unteren Stoffteils befinden.

3 Die Naht, wenn gewünscht, heften und steppen (das gerade, eingeschnittene Stoffteil liegt noch oben). In der Ecke die Arbeit mit der Nadel im Stoff drehen, dabei darf der Stoffüberschuss nicht mit in die Naht hineingeraten.

Eine innen liegende Ecke an eine außen liegende nähen

Dafür die gleiche Technik anwenden wie für das Ansetzen einer geraden Kante an eine Ecke.

In eine Ecke hineinnähen

Manchmal ist eine Naht, die eine gerade Kante oder eine innen liegende Ecke mit einer außen liegenden verbindet, unzugänglich. Dann sollte man *in* die Ecke hineinnähen. Danach Nähgut von der Maschine nehmen, Fäden abschneiden und Nähgut erneut in die Maschine einlegen. Von der kreuzenden Kante her erneut in die Ecke nähen. Dabei müssen die Fäden am Ende gut gesichert werden (siehe Seite 104). Auch darf in der Ecke zwischen den Nahtlinien keine Lücke bestehen.

Nähte an den Enden offen lassen

Wegen der Ecken werden die Nähte nicht bis an die äußere Kante durchgenäht. Stattdessen beginnt und endet die Naht an der kreuzenden Nahtlinie. Bei den Projekten in diesem Buch ist dies 1,5 cm von der Kante entfernt. Näht man zu weit, müssen die letzten 1,5 cm der Naht später aufgetrennt werden. (Dies gilt nicht für eine Saumkante wie die Unterkante eines Bezugs; hier werden die auftreffenden Nähte bis ganz zum Rand gesteppt.)

SÄUME

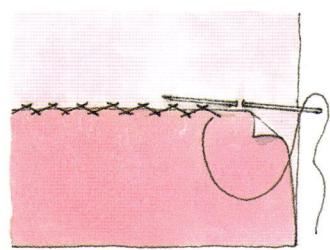

Die Säume an den Bezügen dieses Buchs sind meist doppelte Säume, die entstehen, weil der Stoff um eine angegebene Menge – in diesem Buch meist 2,5 cm – eingeschlagen und gebügelt und sodann erneut um die gleiche Menge eingeschlagen wird; anschließend bügeln und stecken. Am Schluss wird der Saum entweder von Hand mit *Hexenstich* (wie oben abgebildet) oder Saumstich (siehe Seite 111) oder mit der Maschine fixiert.

Für breite Säume ist Handnähen vorzuziehen, aber für die schmalen Säume von 2,5 cm oder weniger sind Hand- wie Maschinennähte geeignet. Dabei daran denken, dass eine maschinengenähte Naht auch auf der rechten Stoffseite erscheint (es sei denn, Ihre Maschine verfügt über Blindstich oder einen Saumfuß).

• Bei der Verwendung von dickem Stoff ist ein doppelter Saum nicht ratsam. Stattdessen mit Zickzackstich die Kante nähen und einen einfachen Saum umschlagen.

Ecken an Säumen

Bei den meisten Bezügen weisen die Säume keine Ecken auf, aber wenn etwa der Rock an den Seiten eines Bezugs aus separaten Einzelteilen besteht, müssen die Ecken dieser Säume zu so genannten Briefecken gelegt werden.

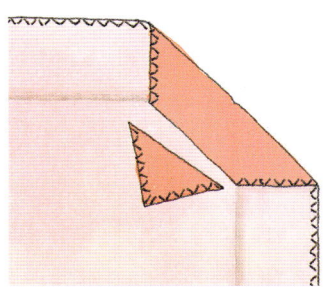

• Dort, wo zwei schmale Einfachsäume derselben Breite zusammentreffen, Säume umbügeln, dann die umgebügelten Saumzugaben an beiden Kanten auffalten. Stoff diagonal über die Ecke einfalten, so dass die Bruchlinien aufeinander liegen. Spitze der Ecke 5 mm außerhalb der diagonalen Bruchlinie abschrägen. Säume einfalten; die entstandene Briefecke dort, wo die beiden diagonalen Falzstellen aufeinander treffen, mit Saumstichen schließen.

> **GEHOBENER ROCKSAUM**
> Bei Bezügen, die bis auf den Boden reichen, sollte der Saum etwa 2,5 cm über dem Boden enden, damit der Bezug keinen Staub aufnimmt.

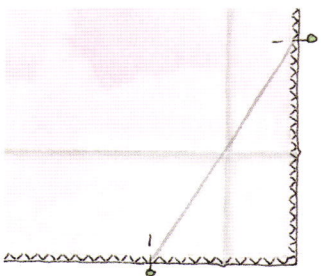

• Für eine Briefecke an zwei einfachen Säumen verschiedener Breite den umbrochenen Saum an einer Kante auffalten. An dieser Kante mit einer Stecknadel den Punkt markieren, an dem sie der eingefaltete Saum kreuzt. Zurückfalten; Saum an der zweiten Kante auffalten. Mit einer Stecknadel den Punkt markieren, an dem sie der erste gefaltete Saum kreuzt. Beide Säume auffalten, von der einen Stecknadel zur anderen eine Linie zeichnen. Nadeln entfernen, entlang der gezeichneten Linie Stoff umfalten. Ecke mit 5 mm Abstand zur Bruchkante abschrägen. Beide Säume erneut einschlagen und die Briefecke mit Saumstichen zusammennähen.

• Für eine Briefecke an zwei schmalen doppelten Säumen die Kanten beider Seiten je einmal umschlagen und bügeln, danach Saum an beiden Kanten erneut einschlagen. An beiden Kanten den zweiten Umschlag auffalten. Dann weiter wie oben.

NÄHTE BEI WATTIERUNG

Beim Zusammensetzen zweier Stücke Wattierung beide Kanten um die Gesamtsumme beider Nahtzugaben übereinander platzieren, so dass die Nahtlinien aufeinander liegen. Wattierung mit Zickzackstich zusammennähen; Nahtzugaben zurückschneiden. Bei dicker Wattierung Nahtzugaben abschneiden, Kanten nur aneinander legen, nicht überlappen lassen, und von Hand mit Hexenstich zusammenfügen.

Sind Wattierung und Stoff in einer Naht zusammengefasst, die Nahtzugabe der Wattierung bis zur Nahtlinie zurückschneiden.

FORMEN DER STOFFTEILE

Wo der Stoff eine Rundung an einem Möbelstück bedeckt, ist es nötig, ihn dieser Form anzupassen. Dafür gibt es verschiedene Methoden.

ABNÄHER

Meist sind Abnäher keilförmig abgesteppte Stoffpartien. In einigen Fällen genügt ein einzelner Abnäher, in anderen müssen mehrere gesetzt werden. Abnäher werden auf der linken Stoffseite gebildet; wenn ein Bezug aber mit der rechten Stoffseite nach außen angepasst wird, kann der Abnäher zunächst von rechts gesteckt werden und später nach dem Entfernen der Nadeln in einem Arbeitsgang mit den Nähten erneut von links.

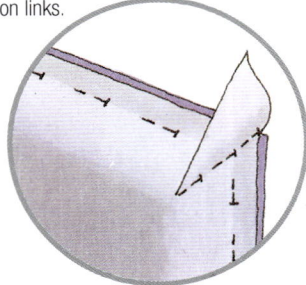

1 Stoff auf dem Stuhl auslegen und in Form stecken, überschüssige Weite dabei durch Abnäher einhalten. (Falls mehr als ein Abnäher erforderlich ist, den mittleren zuerst stecken.) Beachten, dass Schnittkante auf Schnittkante liegt und die Stecknadeln in einer geraden Linie auf die Spitze des Abnähers zulaufen. Nach Wunsch heften, Stecknadeln entfernen.

2 Abnäher von der Schnittkante zur Spitze absteppen. Da er sich langsam verjüngen soll, in der Nähe der Spitze die Naht flach an die Bruchkante des Abnähers führen. An der Spitze die Fadenenden nicht durch Rückstiche sichern, sondern verknoten.

3 Weitere Abnäher anbringen. Alle zur selben Seite bügeln. Bei dicken Stoffen den Abnäher entlang der Bruchkante fast bis zur Spitze aufschneiden und bügeln.

AUFSPRINGENDE BIESEN

Biesen sind abgenähte Fältchen, die auf der Rückseite des Stoffs gearbeitet werden und eine ähnliche Funktion wie Abnäher erfüllen. Sie unterscheiden sich darin von echten Biesen, die ein rein dekorati-

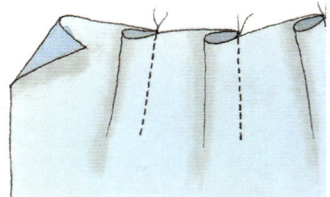

ves Element darstellen (siehe Seite 122). Biesen werden wie Abnäher gearbeitet, jedoch parallel zur Bruchkante gesteppt und nicht im spitzen Winkel dazu. Genäht wird bis zu dem Punkt, ab dem die Biese aufspringen soll.

PLISSEE- UND QUETSCHFALTEN

Meist werden Falten nicht der Länge nach abgesteppt, sondern nur an ihrer oberen Kante durch eine Naht fixiert. Falten können gebügelt werden oder ungebügelt bleiben.

Sehr schmale *Plisseefalten*, die jeweils in derselben Richtung liegen, können

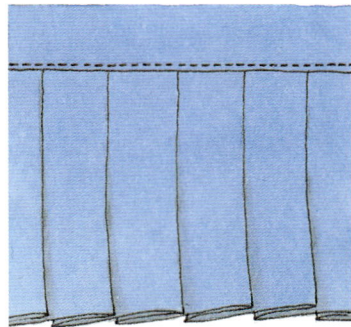

einzeln oder in Gruppen wie Abnäher oder aufspringende Biesen eingesetzt werden, breitere Plisseefalten dagegen werden grundsätzlich zu mehreren gearbeitet. Sie können auch für die Gestaltung des gesamten Rocks eines Bezugs eingesetzt werden. An manchen Bezügen werden *Quetschfalten* verwendet. Bei diesen handelt es sich um paarweise angeordnete

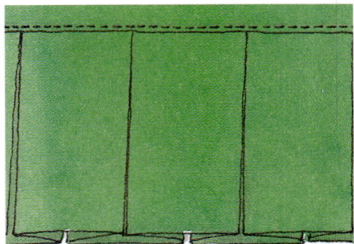

Plisseefalten, deren Bruchkanten voneinander wegzeigen.

KELLERFALTEN

Eine Kellerfalte besteht aus zwei großen Plisseefalten, deren Bruchkanten in der Mitte aneinander stoßen. Tischdecken oder der Rock von Bezügen werden oft in den Ecken mit einzelnen Kellerfalten versehen, Bezüge auch in der Mitte des Rückenteils.

1 Den für die Falte vorgesehenen Stoffüberschuss berechnen. Mit Schneiderkreide auf der linken Stoffseite die Mittellinie zum Anlegen der Bruchkanten und beide äußeren Faltenumbruchlinien anzeichnen. Bei den Projekten in diesem Buch sind pro Falte 30 cm Stoffüberschuss eingerechnet, die äußeren Faltenumbruchlinien liegen somit je 15 cm beiderseitig der Mittellinie. Die inneren Umbruchlinien entstehen zwangsläufig auf halber Strecke zwischen den äußeren und der Mittellinie und müssen deshalb nicht markiert werden.

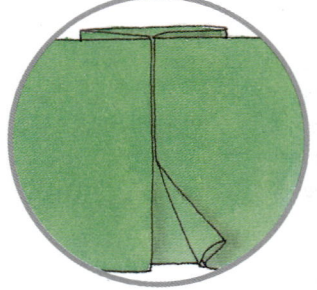

2 Eine Seite der Falte entlang der äußeren Umbruchlinie einfalten; an der Mittellinie anlegen. An der Oberkante feststecken. Die andere Seite der Falte gegenläufig arbeiten. Beide Hälften der Kellerfalte entlang ihrer Oberkante heften.

3 Soll die Falte gebügelt werden, beide Faltenhälften entlang der gesamten Bruchkante durch alle drei Stofflagen feststecken. Von Hand heften, Stecknadeln dabei entfernen. Unter Verwendung eines Bügeltuchs die Falten erst von rechts, dann von links bügeln. Heftfäden entlang der Bruchkanten ziehen. Soll die Falte nicht gebügelt werden, diesen Schritt überspringen.

- Man sollte den Stoff säumen, ehe die Falten genäht werden. Wenn aber der Rock an den Bezug gesteckt werden muss, bevor seine Länge angepasst werden kann, ist es besser, in umgekehrter Reihenfolge vorzugehen. Solange der Bezug zum Markieren der Saumlinie über den Stuhl gestreift ist, die Falten mit Klebeband zukleben. Nach dem Abnehmen des Bezugs Klebeband entfernen. Zum Bügeln und Nähen des Saums das untere Ende der Falten aufklappen. Dann die Falten erneut bügeln.

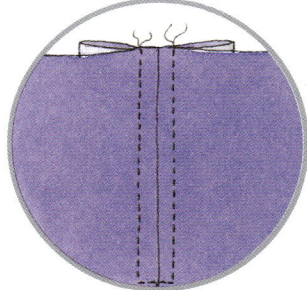

- Manchmal wird der obere Teil einer Kellerfalte durch alle drei Stofflagen hindurch von rechts übersteppt. Soll die Falte in diesem Bereich nicht aufspringen, die äußeren Faltenumbruchlinien rechts auf rechts aufeinander legen, dann von links in der Umbruchlinie so weit absteppen, wie die Falte geschlossen bleiben soll. Falte in Form bügeln. Nun von rechts, ausgehend vom unteren Ende der geschlossenen Faltenmittelnaht, rechtwinklig 1 cm nach außen steppen. Arbeit mit der Nadel im Stoff drehen und parallel zur Mittelnaht aufwärts bis zur Oberkante der Falte nähen. Dann auf der anderen Seite der geschlossenen Mittelnaht wiederholen. Fadenenden auf der linken Seite verknoten.

OBEN: *Details wie Falten und Schleifen sind bei Stühlen immer schön. Die Anleitung für diesen Bezug finden Sie auf den Seiten 52-55, die für den Tischüberzug auf den Seiten 40-41. Verzichten Sie bei Letzterem auf die Bänder und Schleifen und säumen Sie lediglich die Kanten.*

SEPARATE FALTENBÖDEN

Den separaten Untertritt einer Kellerfalte nennt man *Faltenboden*. Bei der einfachsten Form der Kellerfalte besteht die gesamte Falte samt dem inneren Faltenteil aus einem einzigen Stück Stoff. Soll die Kellerfalte mit Bändern zugebunden werden, setzt man diese in Nähte zwischen dem Hauptteil der Falte und einem separaten Faltenboden ein. Ein Faltenboden eignet sich auch, um einen Farbkontrast zum Hauptteil der Falte zu schaffen. Je nach Wirkung näht man den Faltenboden an den inneren oder äußeren Faltenumbruchlinien an.

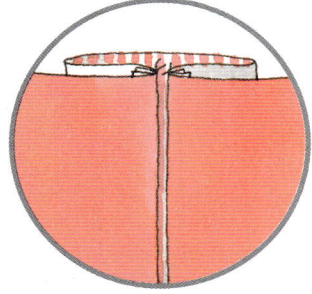

• Soll der Faltenboden entlang der äußeren Umbruchlinien angesteppt werden, muss seine Breite der doppelten Faltenbreite entsprechen plus 3 cm für die Nahtzugaben. Beim Hauptstoff sind in der Breite nur jeweils zusätzliche 1,5 cm links und rechts der Falte für die Nahtzugaben nötig.

• Ein Faltenboden, der an den inneren Umbruchlinien angesetzt werden soll, muss so breit sein wie die Falte selbst zuzüglich 3 cm für die Nahtzugaben. Beim Hauptstoff sind jeweils 1,5 cm zusätzlich in der Breite links und rechts der Falte für die Nahtzugaben zu berücksichtigen.

Ein sorgfältiges Maßnehmen ist unabdingbar, wenn Faltenboden und Hauptstoff zusammengenäht werden.

Wenn alle Falten fertig sind und der Saum umgebügelt ist, die Nahtzugaben jedes Faltenbodens direkt oberhalb der Saumkante einschneiden. Unterhalb der Einschnitte die Nahtzugaben bis dicht an die Nahtlinie zurückschneiden, damit die Naht flacher wird. Nun den Saum nähen und die Falten nochmals bügeln.

KRÄUSELN

Beim Kräuseln entstehen kleine, rund fallende Fältchen, die je nach einzuhaltender Weite kaum bemerkbar sind oder den Eindruck üppiger Fülle vermitteln können.

1 Von Hand oder mit der Maschine innerhalb der Nahtzugabe zwei Heftreihen nähen und das Fadenende mindestens 10 cm lang hängen lassen.

2 Beim Heften von Hand beide Reihfäden, sonst beide Unterfäden, an einem Ende sichern, d.h. in Form einer 8 um eine Stecknadel wickeln. Am anderen Ende dieser Fäden ziehen und so den Stoff in kleine, weiche Fältchen legen.

3 So lange an den Fäden ziehen, bis die Oberkante des Stoffs auf die gewünschte Breite gebracht ist; die Fältchen gleichmäßig verteilen.

4 Um ein gereihtes Stoffteil an ein glattes anzusetzen, das gereihte Teil beim Nähen auf das glatte legen; die Anordnung der Fältchen lässt sich so besser kontrollieren.

AUSSCHNITTE

Gelegentlich ist es nötig, Bereiche des Stoffs auszuschneiden, um ihn an Armlehnen oder Beinen des Möbelstück anzupassen. Die Kanten des Ausschnitts lassen sich mit einem Umschlag versäubern. Er wird als separates Teil zugeschnitten und hat dieselbe Form wie die Kante, an die er gesetzt wird.

1 Auf der rechten Stoffseite des Bezugs mit Schneiderkreide die Form des Ausschnitts markieren. Die angezeichneten Linien entsprechen den Nahtlinien. Stoff wegschneiden (mit je 1 cm Nahtzugabe).

2 Aus einem Stoffrest den Umschlag passend zum Ausschnitt zuschneiden. Jede Seite des Umschlags soll 3 cm breit sein. Außenkanten versäubern.

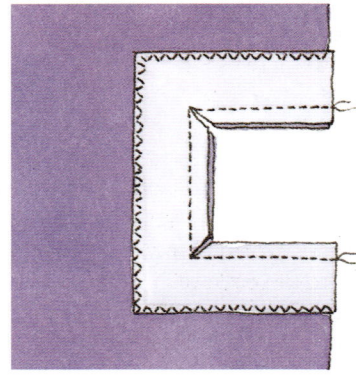

3 Rechts auf rechts, Schnittkante auf Schnittkante den Umschlag auf allen drei Seiten an den Ausschnitt stecken. Mit 1 cm Nahtabstand absteppen, dabei in den Ecken die Arbeit mit der Nadel im Stoff drehen. An jeder Ecke die Nahtzugabe diagonal einschneiden, dabei keinesfalls die Naht beschädigen. Die Nahtzugaben zurückschneiden.

4 Den Umschlag auf die linke Seite des Ausschnitts wenden; bügeln. Die offenen Kanten mit Saumstich befestigen.

• Obige Anleitung bezieht sich auf einen Ausschnitt in Rechteckform, aber dieselbe Technik lässt sich auch auf einen gerundeten übertragen. Hierbei die Naht als eine einzige Bogenlinie steppen, dann Nahtzugaben entlang der Rundung einschneiden.

VERSCHLÜSSE/ VERANKERUNGEN

Viele Bezüge – etwa Hussen für Stühle, die oben breiter sind als unten – brauchen einen Verschluss, damit man sie über das Möbelstück streifen kann. Auch kann mit verschiedenen Methoden verhindert werden, dass der Bezug verrutscht.

SCHLIESSEN EINER ÖFFNUNG MIT SAUMSTICH

Hat ein Bezug eine Öffnung, durch die er auf rechts gewendet werden kann oder durch welche eine Füllung gesteckt wird, verschließt man diese mit Saumstichen, denn während eine von rechts gesteppte Naht deutlich ins Auge fällt, sind Saumstiche kaum zu sehen. Zum Waschen des Bezugs wird die Naht aufgetrennt und danach erneut mit Saumstich zugenäht.

Selbst wenn ein Kissenbezug zum Einstecken der Füllung an einer Seite fast völlig offen bleiben muss, sollte die Maschinennaht trotzdem um beide Ecken herum geführt werden; das sieht besser aus und der Bezug ist haltbarer.

Beide Kanten an der Öffnung einschlagen und an der rechten Seite beginnen. Von der linken Stoffseite aus in eine

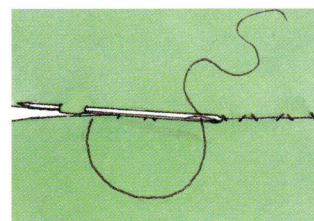

Bruchkante einstechen, Nadel und Faden zur rechten Stoffseite durchziehen und so den Knoten im Stoffumschlag verbergen. Nadel von der rechten Seite aus 1-2 mm links vom Ausstichpunkt in die andere Bruchkante ein- und weitere 5 mm links aus dieser wieder ausstechen. Die letzten beiden Schritte abwechselnd an beiden Bruchkanten wiederholen, bis die Naht geschlossen ist. Der Faden ist kaum zu sehen.

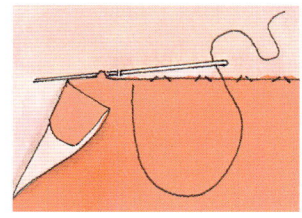

• Ein Saumstich kann auch dazu dienen, eine umgeschlagene Kante an einem flachen Stoffteil zu befestigen. Statt wie oben die Nadel in die zweite Bruchkante einzustechen, nimmt man nur wenige Fäden des flachen Stoffteils auf. Wenn die Stiche innerhalb des Stoffumschlags 2 cm lang sind statt 5 mm, können sie für das Heften beim Musteranschluss in Nähten (Seite 104) eingesetzt werden.

DER ÜBERLAPPENDE VERSCHLUSS

Dieser Verschluss ist schnell zu nähen und wird oft auf der Rückseite von Kissen- und Polsterbezügen verwendet.

1 Rückenteil des Bezugs gleich lang zuschneiden wie Vorderteil, in der Breite 8,5 cm zugeben. Dann Rückenteil längs in der Mitte von oben nach unten auseinander schneiden. An innen liegenden Kanten beider Hälften je einen 5 mm breiten doppelten Saum einschlagen und bügeln; stecken und von rechts absteppen.

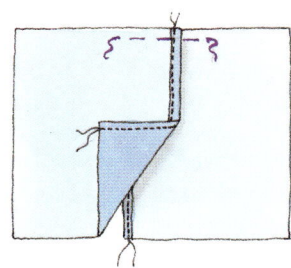

2 Mit der rechten Stoffseite nach oben die gesäumten Kanten der Rückenteilhälften ca. 6,5 cm überlappen, so dass die Breite beider Hälften zusammen der des Vorderteils entspricht. Entlang der Ober- und der Unterkante knapp innerhalb der Nahtlinie heften. Nun das Rückenteil wie ein einziges Teil behandeln.

KNOPFVERSCHLÜSSE

Ein überlappender Verschluss (siehe oben) wird zusätzlich mit Knöpfen ausgestattet. Dabei wird das untere Teil mit Knöpfen, das oben liegende mit Löchern versehen.

Bezogene Knöpfe

Bei Stühlen in einer Gruppe sieht eine Knopfleiste an der Rückenlehne sehr dekorativ aus, aber auch an eine Falte gesetzt, kommen sie gut zur Geltung – in diesem Fall sind sie reiner Schmuck.

1 Knöpfe zum Beziehen gibt es fertig zu kaufen. Pro Knopf aus Stoff einen Kreis zuschneiden, dessen Durchmesser etwa 1,5 cm größer ist als der des Knopfs, evtl. Maßangaben in der Packungsanleitung befolgen. Von Hand entlang der Außenkante des Stoffkreises eine Heftnaht nähen, dabei an Anfang und Ende ein langes Fadenende hängen lassen.

2 Oberteil der Knopfform, den Rohling, mit der Oberseite nach unten auf die linke Seite des Stoffkreises legen. Den Heftfaden so anziehen, dass sich die Kante des Stoffs um den Rohling wölbt. Die Fadenenden verknoten und abschneiden. Nun nach und nach je an einander gegenüber liegenden Stellen den Stoff über den gezackten Rand des Rohlings spannen.

3 Den Stoff über dem Rohling glatt streichen und die Rückenplatte über die Rückseite des Rohlings drücken.

ÖSEN

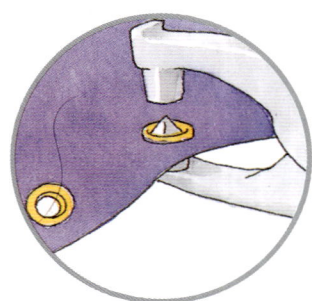

Große Ösen beiderseits einer Öffnung oder Falte mit durchgezogener Kordel sehen bei vielen Bezügen elegant aus. Die Ösen gibt es als Fertigpackung im Handarbeitsgeschäft. Die Anbringung ist unterschiedlich, aber meist muss zunächst ein Loch in den Stoff geschnitten werden. Dafür mit einer spitzen Schere in den Stoff einstechen; Ösenzange mit der Scheibe unter das Loch platzieren; Öse von der rechten Stoffseite darüber legen. Beim Zusammendrücken des Werkzeugs werden nun die Ränder der Öse dauerhaft über die Scheibe gedrückt und damit gleichzeitig die Schnittkanten des Stoffs umschlossen.

REISSVERSCHLÜSSE

Diese werden für Bezüge und für Kissen und Polster verwendet. Es ist etwas aufwändig, sie einzusetzen, aber dafür sind sie unauffällig und praktisch. Benutzen Sie Polsterreißverschlüsse, denn sie sind länger und robuster als Kleiderreißverschlüsse.

Reißverschluss einsetzen

Bei einem Stuhlbezug wird der Reißverschluss meist in die rechte Rückennaht eingesetzt, bei einem Sofabezug in beide Rückennähte. Der Verschluss wird nach Abschluss aller anderen Arbeiten eingesetzt. Er sollte etwa 5-10 cm kürzer sein als die Naht, in die er eingesetzt wird, und nicht bis an die Oberkante reichen. Er wird von unten her geöffnet. Die folgenden Anweisungen gelten für einen Reißverschluss in der rechten Rückennaht.

1 Nahtzugabe auf 2,5 cm zurückschneiden. Schnittkanten versäubern. Reißverschluss schließen und so einlegen, dass der Schieber einen Abstand von 1,5 cm zur Unterkante des Bezugs aufweist. Mit einer Stecknadel oben den Endpunkt der Reißverschlusszähnchen markieren. Von der Oberkante die Naht bis zur Stecknadel mit Nahtbreite von 2,5 cm stecken und nähen. Die Nahtzugabe für die restliche Naht nach innen umschlagen und bügeln.

2 Bezug auf rechts wenden; rechte Nahtzugabe auffalten. Offenen Reißverschluss mit der Oberseite nach unten darauf legen, Zähne liegen genau an der Nahtlinie. (Hat der Bezug einen Keder, muss der Keder an dieser Seite der Naht angeheftet werden.) Das linke Verschlussband an Nahtzugabe stecken und heften. An der Unterkante des Bezugs das Ende des Reißverschlussbands umbiegen; diagonal in die Nahtzugabe einfalten, feststecken und heften.

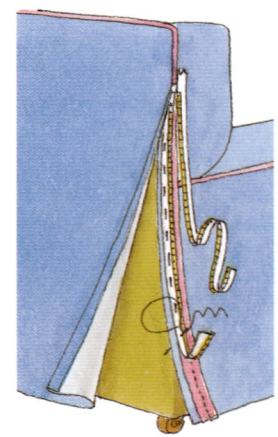

3 Mit dem Reißverschlussfuß links von den Zähnen knappkantig steppen. Hat der Bezug einen Rock mit Falte an der Öffnung, die Naht bis zum Rock führen, dort unterbrechen, sichern und auf der unteren Lage der Falte weiterführen.

4 Nahtzugabe mit dem angenähten Reißverschlussband zur linken Stoffseite falten. Reißverschluss schließen und Kante der linken Nahtzugabe so über den Reißverschluss legen, dass beide Kanten Stoß an Stoß liegen. Das untere Ende des Reißverschlussbands einschlagen und diagonal in die Nahtzugabe des Stoffs einfalten. Naht stecken und heften.

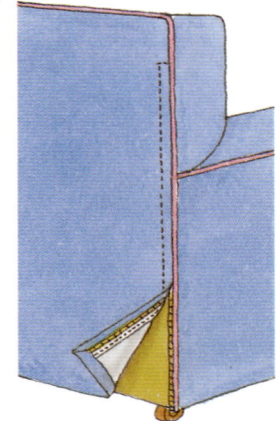

5 Von der Unterkante mit dem Reißverschlussfuß von rechts aufwärts steppen. Oben eine Quernaht steppen, auf der anderen Seite wieder nach unten nähen.

Reißverschluss in ein Kissen einsetzen

An einem kastenförmigen Kissen mit umlaufendem Einsatzstreifen wird der Reißverschluss zwischen zwei Stoffstreifen gesetzt, die diesen Einsatz ersetzen. Bei quadratischen, rechteckigen sowie T-förmigen oder L-förmigen Kissen sollte der Reißverschluss etwa 5 cm um beide Rückenecken herumgreifen, wenn die Seiten des Kissens nicht sichtbar sind. Bei Polstern mit Federkern muss der Reißverschluss mindestens 10 cm um beide rückwärtigen Ecken herumgreifen.

Die Breite für beide Streifen für den Reißverschlusseinsatz beträgt die halbe Höhe des Polsters plus 4 cm. Die Länge entspricht der Länge des Reißverschlusses plus 5 cm.

1 Beide Streifen entlang der Längskanten rechts auf rechts mit 2,5 cm Nahtbreite zusammenstecken. An beiden Enden die Naht jeweils 2,5 cm steppen, durch Rückstiche sichern und die Nahtstrecke dazwischen mit der Maschine heften. Die geheftete Strecke entspricht der Länge des Reißverschlusses von Beginn bis Ende der Zähnchenreihe. Mit Zickzackstich versäubern und die Naht auseinander bügeln.

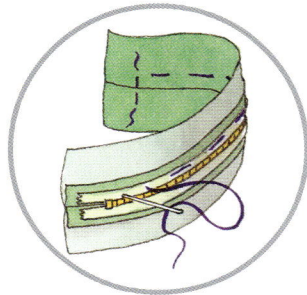

2 Geschlossenen Reißverschluss mit der Oberseite nach unten auf die Rückseite des Stoffs auflegen, dabei liegen die Zähnchen mittig auf der Heftnaht. Von Hand den Reißverschluss entlang beider Seiten aufheften, am oberen und unteren Ende knapp außerhalb der Zähnchen quer nähen.

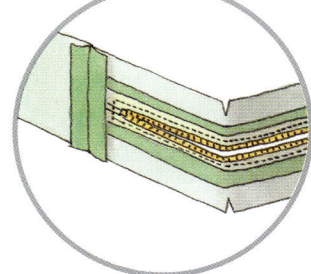

3 Im Abstand von etwa 5 mm von der Mitte den Reißverschluss mit dem Reißverschlussfuß aufsteppen. Wenn es ein Stoff ist, der sich nicht verzieht, eine Seite hinunter und quer über das andere Ende nähen, an der anderen Seite wieder hinauf steppen und dort mit einer Quernaht enden. Heftnaht dabei als Leitlinie verwenden. Fäden auf der linken Seite verknoten. Verzieht sich der Stoff, beginnt man mit einer Quernaht, näht dann an einer Seite hinunter; die zweite Seite in gleicher Richtung wie die erste Naht nähen; am Schluss folgt die Quernaht am unteren Ende. Heftstiche entfernen und vor dem Zusammenfügen mit den Seitenstreifen und der Ober- und Unterseite des Bezugs den Reißverschluss öffnen.

KLETTVERSCHLÜSSE

Statt eines Reißverschlusses kann Klettband verwendet werden. Es besteht aus zwei Streifen, die aneinander haften, da der eine winzige Widerhäkchen hat und der andere kleine Schlaufen. Um eine Öffnung mit Klettband zu schließen, braucht man zwei sich überlappende Stoffteile. Für ein 2 cm breites Klettband müssen beim Zuschnitt der Teile zu beiden Seiten der Öffnung je 2 cm Stoff zugegeben werden.

Klettband anbringen

1 Bei einem Möbelbezug das Klettband 1,5 cm länger schneiden als die jeweilige Öffnung, bei Polsterkissen 3 cm länger. Nahtzugabe an der Öffnung auf 2 cm zurückschneiden; mit Zickzackstich versäubern. Bei einem Bezug am oberen Ende der Öffnung ca. 5 cm der Naht 2 cm breit stecken und steppen, bei Polsterkissen an beiden Enden der Öffnung. Nahtzugaben der restlichen Naht nach innen umbügeln.

2 Nahtzugabe, die die andere überlappen soll, auf 1,5 cm zurückschneiden. Hat der Bezug einen Keder, sollte er auf dieser Seite angeheftet sein. Den Häkchenstreifen mit den Häkchen nach außen so entlang dieser Kante stecken oder heften, dass das Ende des Bands bei einem Bezug 1,5 cm über das obere Ende der Bezugsöffnung ragt, bei einem Kissenbezug je 1,5 cm über jedes Ende. Das Band reicht auch über die Nahtzugabe hinaus (und verdeckt die Schnittkante). Bei einer Kante mit Keder das Klettband über dessen Nahtzugabe stecken und heften.

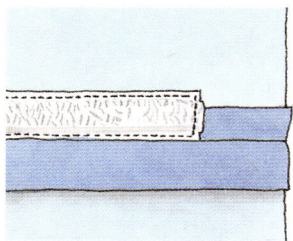

3 Den Klettbandstreifen entlang beider Längskanten und beider Enden durch alle Stofflagen absteppen. Hat der Bezug einen Rock mit einer Falte, bis zum Rock nähen, dann die Naht abbrechen und auf dem inneren Teil der Falte weitersteppen.

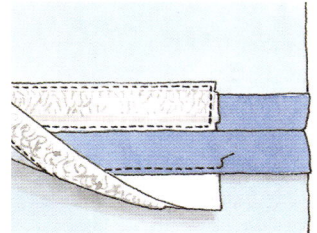

4 Den Streifen mit den Schlaufen auf die linke Seite der anderen Nahtzugabe legen, so dass das Band die Nahtzugabe nicht mehr als 3 mm überlappt. Rückseite des Bands und linke Seite der Nahtzugabe liegen dabei aufeinander. Wie oben sollten beide Enden 1,5 cm über die Öffnung ragen. Entlang der Längskante Band und Nahtzugabe zusammensteppen.

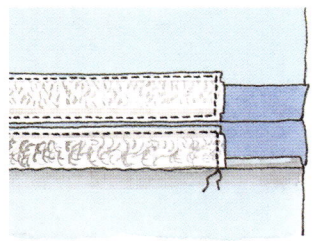

5 Das Klettband auf die rechte Seite der Nahtzugabe umklappen; die Schlaufenseite liegt nun oben. Entlang der anderen Längskante und über beide Enden steppen, dabei wieder nur Band und Nahtzugabe fassen.

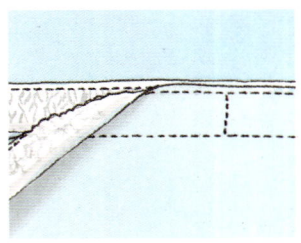

6 Den Bezug auf die rechte Seite wenden und das Klettband mit den Häkchen auf das Band mit den Schlaufen drücken.

• Klettband kann auch an der Unterkante eines Bezugs verwendet werden, um ihn damit auf der Möbelunterseite zu verankern – siehe Seite 115.

ANDERE VERSCHLÜSSE

Man kann Druckknöpfe oder Haken und Ösen verwenden. Sie müssen aufgenäht werden, sind aber auch fertig erhältlich.

BÄNDER UND SCHLEIFEN

Bänderpaare werden oft verwendet, um Falten oder Stoffteile zusammenzuhalten oder um Kissen an Stühlen festzubinden. Es gibt zwei Methoden, Bänder herzustellen.

• Bei der ersten ist die Naht unsichtbar. Dafür einen Stoffstreifen von der doppelten benötigten Breite plus 2 cm zuschneiden. Streifen der Länge nach rechts auf rechts in der Mitte falten. Entlang der Längskante und quer über ein Ende eine 1 cm breite Naht stecken und nähen. Den erhaltenen Schlauch auf die rechte Seite wenden. Sollen später beide Enden des Bands zu sehen sein, die Schnittkanten des offenen Endes nach innen umlegen und mit Saumstichen schließen. Wenn aber ein Ende in eine Naht gefügt wird, kann es mit Zickzackstichen gesäumt werden.

• Die andere Methode wird für schmale Bänder verwendet, die sich schlecht von links nach rechts durchziehen lassen. Hier erscheint die Naht auf der rechten Seite. Stoffstreifen in doppelter Breite wie benötigt zuschneiden, plus 1 cm. An beiden Längskanten und an einem oder beiden Enden (je nachdem, ob beide sichtbar sein werden oder nicht) 5 mm auf die linke Seite umfalten und bügeln. Den Streifen der Länge nach in der Mitte falten und von rechts entlang der nach innen geschlagenen Längskanten absteppen.

Bänder in eine Naht einfügen

Bänder können auf den Stoff genäht werden, haltbarer ist es, sie in eine Naht zu fügen: Band zwischen beide Lagen der Naht legen; Schnittkante am Bandende liegt dabei auf den Schnittkanten der Naht. Beim Nähen der Naht das Band mitfassen. War die Naht bereits geschlossen, die Partie der Naht, an der das Band eingefügt werden soll, wieder auftrennen, Ende des Bands einführen und Naht schließen.

GROSSE SCHLEIFEN
Die meisten Bänder, die für Bezüge verwendet werden, sind relativ schmal, aber große auffällige Schleifen können außerordentlich attraktiv wirken. Zum Beispiel einen Überzug mit sehr weiter Rückenpartie arbeiten, dann breite Bänder in die Seitennähte einfügen und diese entweder miteinander verknoten oder zu großzügigen Schleifen binden.

POLSTEREINSCHÜBE

Bezüge für gepolsterte Stühle und Sofas benötigen eine Verankerung, die den Bezug am Verrutschen hindert. Diese Verankerungen werden als abgerundete Stofftaschen gearbeitet, die zwischen die Polster geschoben werden. Für diese Einschübe wird zusätzlicher Stoff an benachbarten Stoffteilen eingeplant. Die beiden Teile werden zusammengesteckt und so zurechtgeschnitten, dass eine abgerundete

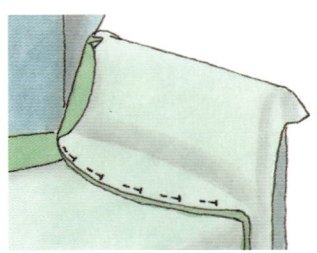

Tasche entsteht. Die Tiefe der Tasche hängt von der Tiefe der Polsterritze ab. Meist sind die Ritzen um die Sitzfläche die tiefsten. Einschübe von 7,5-15 cm Tiefe sind Standard, daher sind die Stoffzugaben in den Projekten dieses Buchs mit 15 cm angegeben (evtl. verkleinern). Der mittlere Bereich des Einschubs weist die größte Tiefe auf, die zum Rand hin bis zur normalen Nahtzugabe verringert wird.

VERANKERUNG AUF DER MÖBELUNTERSEITE

Zum Verankern der Bezüge auf der Möbelunterseite werden auf die Unterkanten eines Bezugs zusätzliche Stoffstreifen oder Umschläge gesetzt, mit denen der Bezug unter dem Möbelstück befestigt wird. Für die Umschläge werden an der Bezugsunterkante nur 1,5 cm Nahtzugabe benötigt und nicht 5 cm wie bei einem doppelten Saum.

1 Aus einem Rest Stoff einen Streifen von 9,5 cm Breite für jedes Teil der Unterkante zuschneiden. Die Länge entspricht jeweils dem Abstand zwischen den Beinen des Möbelstücks plus 3 cm. An einer

VERSCHLÜSSE/VERANKERUNGEN

Links: Bezüge auf Polstermöbeln bekommen unsichtbaren Halt durch Polstereinschübe, die zwischen Sitzpolster und Arm- und Rückenlehne gesteckt werden. Der Bezug hier wurde nach der Anleitung auf Seite 22-25 gearbeitet, nur der Einsatzstreifen an der Armlehne besteht aus zwei Teilen für Oberteil und Front.

BEFESTIGUNG MIT NADELN

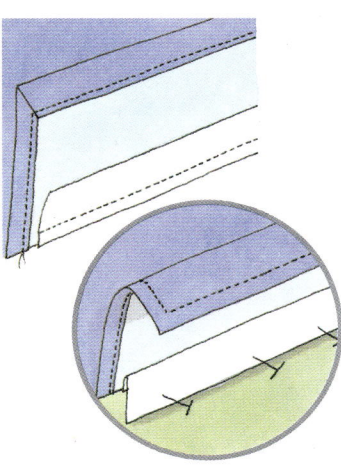

Längskante und beiden Enden jedes Streifens 1,5 cm Stoff links umschlagen, bügeln und steppen.

2 Klettband in der Länge der Streifen zuschneiden, teilen. Eine Seite knapp entlang der umgeschlagenen Längskante auf die Streifenrückseiten nähen.

3 Rechts auf rechts, Schnittkante auf Schnittkante die unversäuberte Kante jedes Streifens an die zugehörige Unterkante des Bezugs stecken. Hat die Unterkante einen Keder, Streifen auf Kederstreifen stecken. Im Abstand von 1,5 cm von der Kante an den Bezug steppen, Nahtlinie zwischen den Verankerungsstreifen fortführen.

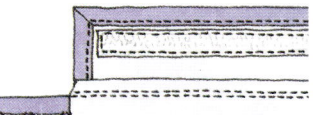

4 Verankerung und Nahtzugaben vom Bezug wegbügeln; Streifen von der rechten Seite auf Nahtzugabe steppen. So wölbt sich der Streifen nicht nach außen. Nahtzugabe des Bezugs jeweils direkt neben den Streifen einschneiden. An unversäuberten Kanten zwischen den Einschnitten erst 5 mm, dann 1 cm umbügeln; von Hand auf der linken Seite festnähen.

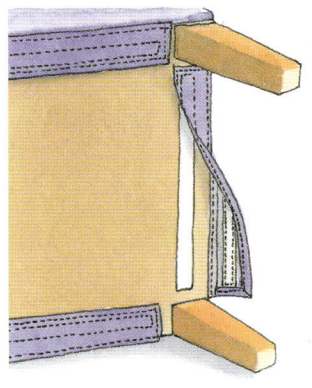

5 Jeweiliges Gegenstück der Klettbandstreifen an den entsprechenden Stellen an der Möbelunterseite anbringen.

• Wenn das Anbringen von Klettband auf der Unterseite des Möbels unmöglich ist, können die Verankerungsstreifen zu Tunneln umgearbeitet werden. Dafür an jedem Verankerungsstreifen einen doppelten Saum von 2 cm umschlagen und bügeln. Entlang der eingeschlagenen Kante absteppen. Mit einer Sicherheitsnadel eine Schnur durch den Schlauch ziehen. Bezug über das Möbel streifen und die Schnur zusammenziehen und verknoten.

• Auch für Bogenränder (siehe Seite 116) und für saubere Ausschnitte (siehe Seite 110) werden zusätzliche Streifen als Umschläge verwendet.

Auch einen Bezug mit Rock kann man am Möbelstück verankern. Dafür vier Streifen von 9 cm Breite und der dem Rock entsprechenden Länge aus Reststoff zuschneiden. Nachdem die Oberkante des Rocks rechts auf rechts und Schnittkante auf Schnittkante an die Unterkante des Bezugs gesteckt wurde, noch zusätzlich die Streifen darauf stecken. Die Naht durch alle Lagen steppen.

Bezug über den Stuhl oder das Sofa streifen, Rock anheben und die Befestigungsstreifen mit Anstecknadeln am Möbelstück feststecken; durch den überhängenden Rock sind sie nicht sichtbar.

SPEZIALNADELN

Um Bezüge an bestimmten Stellen unsichtbar zu befestigen, gibt es speziell geformte »Schonbezugsnadeln«, etwa in Spiralform. Sie lassen sich beim Abnehmen des Bezugs ebenfalls leicht entfernen.

DEKORATIVE DETAILS

Es gibt eine Menge zusätzlicher Möglichkeiten, Bezüge individuell zu gestalten. Viele dieser Schmuckelemente haben aber auch eine durchaus praktische Funktion.

BOGENRÄNDER

Statt eines geraden, gesäumten Abschlusses an der Unterkante eines Bezugs, aber auch an den Rändern von Sitzkissen, einer Tischdecke oder einer Tagesdecke für ein Bett, kann mithilfe einer Blende eine Bogenkante oder eine gezackte oder gezahnte Kante gearbeitet werden.

1 Beim Zuschnitt zusätzlichen Stoff einplanen; er muss so weit über die Saumlinie hinausreichen, dass damit noch eine Blende von größerer Breite als der zu gestaltende Ausschnitt gearbeitet werden kann. 5 mm der unteren Schnittkante umbügeln und nähen. Stoff entlang der Saumlinie nach außen umklappen (rechts auf rechts).

2 Gesamtlänge der Unterkante messen. Genaue Anzahl und Größe der Ornamente berechnen (für Bögen siehe Seite 76). Eine Pappschablone in der Form der gewünschten Ornamente anfertigen. An einer rückwärtigen Naht die Schablone so anlegen, dass sie 5 mm vom Bruch der Unterkante entfernt ist. Umrisse der Schablone mit Textilstift auf den Stoff übertragen. Schablone weiterrücken; Vorgang wiederholen, bis die gesamte Kante gezeichnet ist. Es kann vorkommen, dass man am Schluss die Formen anpassen muss, aber wenn dies auf der Rückseite geschieht, fällt es nicht auf.

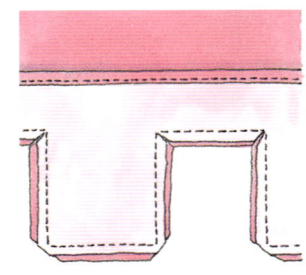

3 Entlang der vorgezeichneten Linie beide Stofflagen zusammenstecken und nähen, wo nötig, die Arbeit mit der Nadel im Stoff drehen. Dann 5 mm außerhalb dieser Nahtlinie schneiden. Nahtzugaben zurückschneiden; Spitzen von außen liegenden Ecken abschrägen, an Kurven und innen liegenden Ecken die Nahtzugabe einschneiden, dabei beachten, in der Nahtzugabe zu bleiben. Blende auf die Rückseite verstürzen und bügeln. Blendenoberkante an der Rückseite mit Saumstichen befestigen.

BORTEN

Andersfarbige Kantenabschlüsse sind z.B. schick für Hussen oder Sofabezüge.

1 Einen Stoffstreifen in einer Kontrastfarbe in gewünschter Breite plus 3 cm und von genau der Länge der Kante zuschneiden, an die er gesetzt werden soll. An einer Längskante des Streifens 1,5 cm umbügeln. Andere Kante so an die Kante des Bezugs stecken, dass die rechte Seite des Streifens auf der linken Stoffseite liegt. Mit 1,5 cm Nahtbreite zusammennähen und die Nahtzugabe stufenweise kürzen.

2 Borte vom Bezug weg und dann zur rechten Seite des Bezugs bügeln; die Nahtlinie verläuft entlang der Unterkante. Feststecken und entlang der eingefalteten Oberkante der Borte von rechts aufsteppen.

BESATZARTIKEL

Ein Besuch in einem Handarbeitsgeschäft bringt Sie sicher auf gute Ideen für weitere Verschönerungen. Heutzutage findet man ein reichhaltiges Sortiment an schönen Fransen, Bordüren, Borten, Kordeln, Zackenlitzen und anderem Besatz – teilweise so schön, dass Sie vielleicht bald einen Bezug für einen ganz bestimmten Besatzartikel planen.

Die meisten dieser Artikel werden direkt auf den Oberstoff aufgenäht, einige jedoch werden wie ein Keder (siehe Seite 120) in eine Naht eingesetzt.

Der Besatz wird im Idealfall aufgenäht, bevor angrenzende Nähte gesteppt werden, damit die Enden in diesen Nähten verschwinden können. Ist dies nicht möglich, werden die Enden beim Aufnähen untergeschlagen. Treffen an einer unauffälligen Stelle zwei Enden aufeinander, das eine Ende unterschlagen und über das andere setzen.

• Zusätzlich zu ihrer praktischen Funktion können Knöpfe zu beiden Seiten einer Falte oder entlang eines Saums sehr dekorativ wirken. Zum Beziehen von Knöpfen siehe Seite 111.

SCHRÄGBAND

Schrägband wird zum Einfassen von Kanten (siehe Seite 118) und für den Keder (siehe Seite 120) benötigt. Obwohl in beiden Fällen gekauftes Schrägband den gleichen Dienst erfüllt, bietet das selbst gefertigte den Vorteil, dass man den Stoff auswählen kann. Außerdem lässt sich die Breite bestimmen. In diesem Buch ist gekauftes Schrägband bei den Projekten angegeben, bei denen es nicht aus dem gleichen Stoff wie der Bezug bestehen muss.

Schrägband in kleinen Mengen herstellen

Diese sehr einfache Methode eignet sich nur für kleine Mengen, weil eine große Anzahl von Nähten erforderlich ist.

DEKORATIVE DETAILS 117

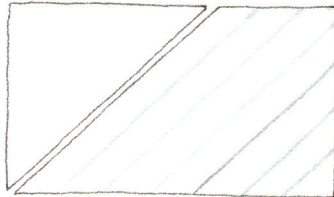

1 Eine Stoffecke so einfalten, dass Kett- und Schussfaden in dieselbe Richtung laufen. Die diagonale Bruchlinie entspricht der Ideallinie des Schrägstreifens. Parallel zur Bruchkante die Schnittlinien markieren – der Abstand zwischen ihnen entspricht der Breite der Streifen. Die Streifen zuschneiden.

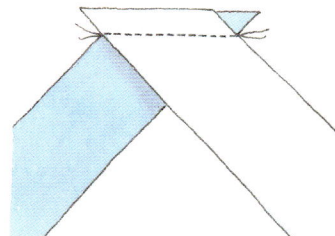

2 Rechts auf rechts die Streifen rechtwinklig zueinander zusammenstecken; mit diagonaler Naht von 5 mm Breite zusammennähen. Die Seitenkanten beider Streifen treffen je am Ende der Naht zusammen, nicht an den Schnittkantenenden. Die Spitzen, die über die Seitenkanten ragen, abschneiden. Nähte auseinander bügeln.

Schrägband in großen Mengen herstellen

Für einige Bezüge, zum Beispiel für Sofas, werden große Mengen Schrägband benötigt, daher ist es günstig, die Methode zur Herstellung von »Endlosstreifen« zu beherrschen, denn sie spart eine Menge Zeit.

1 Ein Stoffrechteck zuschneiden, das mehr als doppelt so lang ist wie breit. An beiden Enden die Ecken einfalten wie in Schritt 1 oben; bügeln und Ecken entlang beider Bruchlinien abschneiden. (Die abfallenden Dreiecke aufheben, um damit ggf. separate Paspelbänder zu fertigen).

OBEN: Ein sich farblich abhebender Besatz, wie diese rote Einfassung, kann einen Bezug völlig verändern. Sitz und Armlehnen der abgebildeten Husse wurden wie auf den Seiten 18-21 gearbeitet, die Rückenpartie wie auf den Seiten 30-33 und die Falte wie auf den Seiten 52-55 (mit Bändern aus Schrägband statt aus Stoff). Für die Bogenkante ist das Untersetzen einer Blende nicht nötig – hier wurden einfach Halbkreise von 10 cm Breite in die Unterkante geschnitten und die Schnittkanten eingefasst (siehe Seite 118).

2 Die Schnittlinien parallel zu den schrägen Kanten anzeichnen; der Abstand entspricht der Breite des Schrägbands. Ebenso die Nahtlinien im 5 mm Abstand zu den Längskanten markieren.

3 Stoff wie abgebildet falten, so dass das Ende der einen schrägen Schnittkante in einer direkten Linie mit der ersten Schnittlinie liegt. Schräge Kanten entlang der Naht zusammenstecken. Die Schnittlinien zwischen den Streifen müssen überall genau aufeinander treffen; an jeder Außenseite des entstandenen Schlauchs sollte ein Streifen überstehen. Gesteckte schräge Kante nähen; Naht auseinander bügeln.

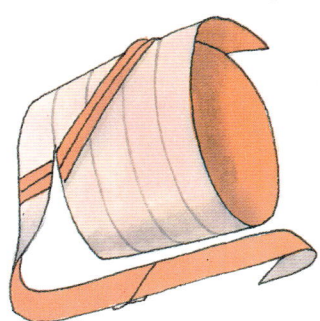

4 Vorsichtig in ununterbrochener Linie entlang der Schnittlinien schneiden, die sich spiralförmig über den Schlauch erstrecken.

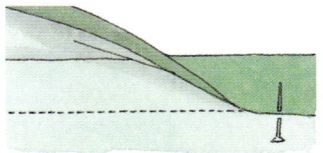

STOFFVERBRAUCH
Ein Stück Stoff von etwa 90 x 140 cm ergibt ungefähr 18 m Schrägband von 5 cm Breite.

EINFASSEN EINER KANTE

Das Einfassen ist eine einfache Möglichkeit, eine Schnittkante zu versäubern. Es wird entweder selbst hergestelltes Schrägband verwendet (siehe Seite 116-118) oder gekauftes. Für gerade Kanten kann das Band auch im Fadenlauf geschnitten werden (in Kett- oder Schussfadenrichtung), an Rundungen muss aber Schrägband verwendet werden. Es spielt keine Rolle, ob eine oder mehrere Stofflagen eingefasst werden sollen.

Beim Ausmessen und Zuschnitt des Stoffs beachten, dass eine eingefasste Kante keine Nahtzugabe erfordert. Ist das einzufassende Stoffteil bereits mit Nahtzugabe zugeschnitten, diese abschneiden.

Zweistufige Methode
Bei dieser Methode ist die Naht nicht zu sehen.

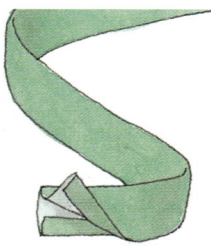

1 Bei selbst gefertigtem Schrägband das Band doppelt so breit zuschneiden wie das gewünschte Ergebnis zuzüglich 2 cm. An beiden Längskanten jeweils 5 mm umbügeln. Dann das Band der Länge nach falten, jedoch so, dass die Bruchlinie nicht ganz mittig ist; bügeln. Bei gekauftem Schrägband sind einige oder alle dieser Falze bereits vorhanden.

2 Das Band auffalten und mit der schmaleren Seite rechts auf rechts und Schnittkante an Schnittkante an den Bezug setzen. Entlang der Bruchlinie steppen.

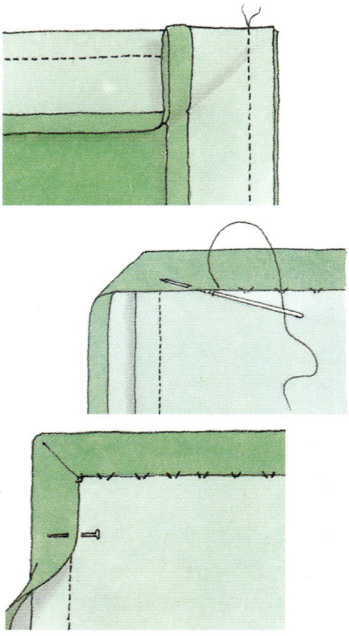

3 Die Einfassung auf die linke Seite des Bezugs umbiegen und die zweite eingefaltete Kante über die Nahtlinie stecken. Diese entweder mit Saumstich auf der linken Seite von Hand befestigen oder mit der Maschine auf der rechten Seite direkt an der Kante der Einfassung nähen.

4 Um eine außen liegende Ecke einzufassen, bis Schritt 2 der Anweisung folgen, Naht bis an die Nahtlinie der auftreffenden Kante nähen. Mit einigen Rückstichen den Faden sichern; die Arbeit aus der Maschine nehmen. Band so legen, dass die Schnittkante auf der angrenzenden Schnittkante des Stoffs liegt und sich an der Ecke eine

DEKORATIVE DETAILS 119

diagonale Falte bildet. Stecken und Naht wie zuvor in der neuen Richtung weiterführen. Um die zweite Kante des Schrägbands auf der Stoffrückseite (Schritt 3) zu nähen, Band an einer Ecke zu einer Briefecke legen und über die Schnittkanten auf die linke Seite umlegen, dort in entgegengesetzter Richtung eine zweite Briefecke legen.

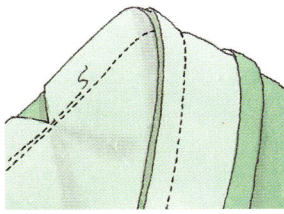

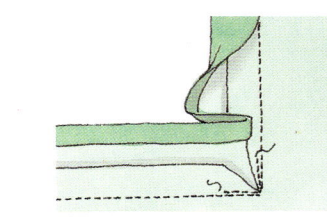

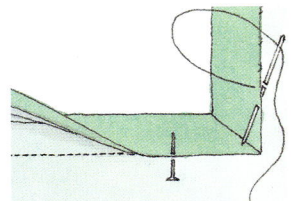

5 Einfassen einer innen liegenden Ecke: Ecke des Stoffs vor Schritt 2 durch ein paar Stiche auf der Bruchlinie vor und nach der Ecke verstärken. Nahtzugabe des Stoffs in der Ecke einschneiden. Beim Nähen (Schritt 2) Stoffecke auseinander ziehen, so dass die Kanten in einer geraden Linie liegen; von der Stoffseite her an das Schrägband stecken und steppen. Nach Schritt 2 Schrägband an beiden Kanten vom Stoff wegbügeln; auf der rechten Seite eine Briefecke bilden. Diese durch den Eckeinschnitt auf die linke Seite ziehen. Schrägband um die Kanten legen, an derselben Ecke auf der linken Seite in entgegengesetzter Richtung eine Briefecke legen. Schritt 3 durchführen; Briefecke mit Saumstich schließen.

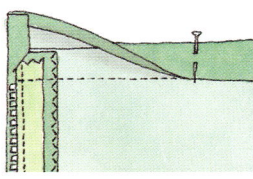

6 Am Endpunkt der ersten eingefassten Kante angelangt, das Schrägband 5 mm hinter der kreuzenden Kante abschneiden. Nahtzugabe des Stoffs diagonal an der Ecke abschneiden. Ende des Schrägbands so unterschlagen, dass der Bruch mit der Außenkante der kreuzenden Kante eine gerade Linie bildet; die Naht beenden.

7 Zum Verbinden der Schrägbandendstücke eine diagonale Naht nähen.

Einstufige Methode
Hier ist die Naht sichtbar, dafür geht sie schneller als die zweistufige Methode.

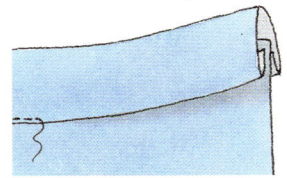

1 Bei selbst hergestelltem Schrägband dieses schneiden und falten wie in Schritt 1 der zweistufigen Methode. Das gefaltete Band um die Schnittkante legen und sie somit umschließen. Die breitere Seite des Bands liegt auf der linken Stoffseite. Von rechts knappkantig absteppen.

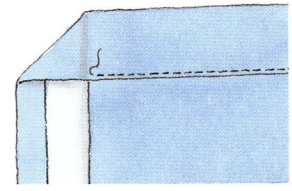

2 An außen liegender Ecke bis ans Ende der Kante nähen; Arbeit aus der Maschine nehmen. Schrägband diagonal einfalten, auf der rechten und linken Seite zu einer Briefecke legen; Naht in neuer Richtung entlang der Bruchlinie wieder aufnehmen.

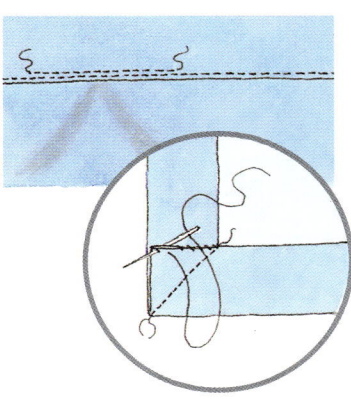

3 An einer Innenecke diese durch weitere Stiche verstärken; einschneiden wie oben, Schritt 5. Naht bis in die Spitze der Ecke führen; mit der Nadel im Stoff drehen, dabei Ecke auseinander ziehen, so dass die Kanten in einer durchgehenden Linie liegen. Naht an der neuen Kante fortführen. Auf der rechten Seite das Schrägband an der Ecke zu einer Briefecke legen; auf der linken Seite legen wie oben abgebildet; bügeln, Briefecke schließen.

4 Treffen sich Anfang und Ende der Einfassung in einer Ecke, 5 mm des Schrägbands unterschlagen, dass es mit der Außenkante der ersten eingefassten Kante eine Linie bildet; bis zum Endpunkt nähen.

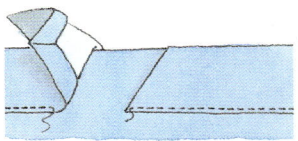

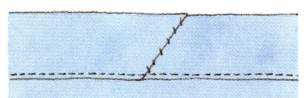

5 Zum Verbinden zweier Enden Schrägband diese im Fadenlauf diagonal abschneiden und ein Ende über das andere legen, dabei am oben liegenden Ende den letzten 1 cm unterschlagen. Naht beenden und, falls gewünscht, die untergeschlagene Bruchkante mit Saumstich befestigen.

KEDER

Der Keder ist ein gefalteter Streifen Schrägband mit innen liegender Schnur, der in eine Naht gelegt wird. Ohne oder mit einer ganz dünnen Schnur spricht man von »Paspel«. Paspel oder Keder verleihen einem Bezug klare Linien und verbessern die Haltbarkeit der Nähte.

Der Keder wird meist bei einem Bezug in alle wichtigen und sichtbaren Nähte eingelegt. Deshalb müssen die Nähte immer gerade sein, besonders bei einem farblich abgesetzten Keder. Die Schnur, die der Keder umschließt, ist in verschiedenen Stärken erhältlich. Für die Projekte in diesem Buch wird 5 mm dicke Kederschnur verwendet, für ein kleines Objekt wären auch 3 mm möglich. Dagegen könnte für ein robustes, großflächiges Teil 15 mm Stärke angemessen sein. Die Kederschnur muss vorgeschrumpft sein, bevor sie benutzt werden kann (siehe Seite 99).

Keder einfügen

1 Breite des Schrägbandstreifens bestimmen, die erforderlich ist, damit das Band die Kederschnur umschließt. In diesem Buch verwenden wir 5 cm breites Schrägband für Kederschnur von 5 mm Stärke. Breite ermitteln, indem etwas Stoff um die Schnur gewickelt und ihr Umfang mit Nadeln am Stoff markiert wird; Abstand zwischen den Nadeln zzgl. 3 cm für die Nahtzugabe ergibt die Breite des Schrägbands. Zusätzlich ungefähre Länge bestimmen und genug Schrägband fertigen (siehe Seite 116-118).

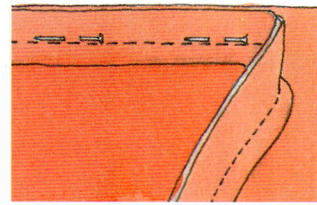

2 Schnur in das Schrägband legen, Schnittkanten links auf links legen und stecken. Mit dem Kanten- oder dem Reißverschlussfuß der Nähmaschine knappkantig an der Schnur entlang heften. (Liegt diese Naht zu dicht an der Schnur, besteht die Gefahr, dass sie am fertigen Bezug sichtbar ist.)

3 Keder auf die rechte Seite des Stoffs aufstecken, die Schnittkanten zeigen nach außen. An einer kaum auffallenden Stelle beginnen, möglichst nicht an einer Ecke. Befindet sich das Ende an einer Stelle, an der man es später sehen wird, wie Schritt 6 arbeiten. Ansonsten die ersten 5 cm ungeheftet lassen, so dass das Ende später, wie in Schritt 5 erklärt, verbunden werden kann. Die Nahtzugaben des Keders und des Bezugs sollten die gleiche Breite haben, damit die Schnittkanten aufeinander gelegt werden können. Die Heftnaht des Keders sollte knapp innerhalb der Nahtlinie liegen, damit sie nach Abschluss der Naht (siehe Schritt 7) nicht zu sehen ist.

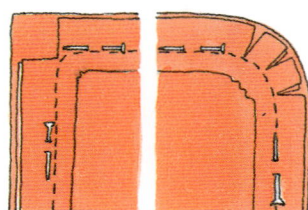

4 Die Nahtzugabe des Keders an Ecken und Rundungen einschneiden. Mit dem Kanten- oder Reißverschlussfuß den Keder an den Stoff heften, dabei etwa 1,5 cm vom Ende beginnen und knapp neben der vorherigen Heftnaht heften.

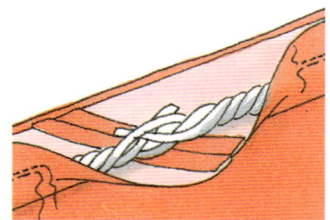

5 Zum Verbinden von Enden am besten eine unauffällige Stelle an einer geraden Naht wählen. Bis 5 cm vor dem Ende des Keders nähen. An einem der Enden etwas von der Heftnaht auftrennen und das Schrägband zurückziehen. Die Schnur zurückschneiden, bis die Enden aneinander passen, oder beide Enden aufdrehen, die Stränge auf unterschiedliche Längen kürzen und die Enden miteinander verzwirbeln. An einem Ende des Schrägbands 5 mm unterschlagen, um das andere Ende des Bands legen. Heftnaht am Keder ergänzen und weiterheften.

6 An einer Öffnung muss das Kederende zurückgeschnitten werden, damit die Naht nicht aufträgt. Die Schnur 2 cm vor dem Endpunkt abschneiden. Schrägband 1 cm hinter dem Endpunkt abschneiden und so unterschlagen, dass das Band am Endpunkt endet. Fertig heften.

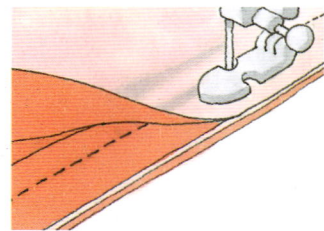

7 Ist der Keder aufgeheftet, das zweite Bezugteil mit der rechten Seite nach unten darauf legen. Naht durch alle Lagen durchstecken, mit dem Kanten- oder Reißverschlussfuß steppen. Beim Nähen beachten, weder den Keder noch den Stoff zu dehnen, sonst wellt sich der Keder. Nahtzugaben stufenweise zurückschneiden.

8 Keder entlang einer Reißverschlussöffnung sehen besser aus, wenn sie an der *Seitenkante* des Bezugs angesetzt werden. Sicherstellen, dass Keder, die an der Öffnung enden, dort zusammentreffen; Enden wie in Schritt 6 arbeiten.

RECHTS: Eine Rüsche am unteren Rand ist der Clou an diesem gestreiften Bezug. Eine Nähanleitung für einen ähnlichen Bezug finden Sie auf den Seiten 18-21, die für das Ansetzen einer Rüsche an eine Unterkante auf Seite 121.

RÜSCHEN

Rüschen sind an einem Bezug eine witzige, verspielte Alternative zu einem Rock.

Einfache Rüsche

Bei sehr schwerem oder dickem Stoff ist eine einfache Rüsche einer doppelt gelegten vorzuziehen, bei sehr dünnem Stoff kann sie dagegen zu unscheinbar wirken.

1 Für steife Rüschen Stoffstreifen im Fadenlauf schneiden, für weich fallende diagonal zum Fadenlauf; die Breite der Streifen entspricht der gewünschten Rüschenbreite plus 3 cm. Genug Teile zuschneiden, um daraus einen Streifen von der doppelten bis dreifachen Länge der Kante zusammenzunähen, an der die Rüsche angesetzt werden soll. Je länger der Streifen ist, desto voller wird die Rüsche.

2 Streifen an den kurzen Kanten aneinander nähen. Muss die Rüsche für einen Bezug ohne Öffnung zum Ring geschlossen werden, Enden des langen Streifens zusammennähen. Nahtzugaben auseinander bügeln.

3 An der Rüschenstreifenunterkante, ggf. auch an den Endkanten, erst 5 mm, dann 1 cm zur linken Seite umbügeln; steppen.

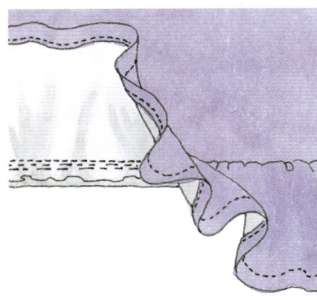

4 Vor dem Ansetzen an den Bezug die Rüsche einreihen (Kräuseln, Seite 110). Dann Oberkante der Rüsche rechts auf rechts, Schnittkante an Schnittkante an Unterkante des Bezugs stecken. Hat der Bezug eine Öffnung, liegen die umsäumten Enden der Rüsche auf den versäuberten Kanten der Öffnung. Rüsche mit 1,5 cm Nahtbreite an Bezugunterkante steppen und Nahtzugaben zum Bezug hinbügeln.

Doppelt gelegte Rüsche

Sie wirkt adretter als eine einfache Rüsche, eignet sich aber nicht für schwere Stoffe.

1 Mit Schritten 1 und 2 für einfache Rüsche beginnen, Stoffstreifen jedoch in der doppelten Rüschenbreite plus 3 cm zuschneiden.

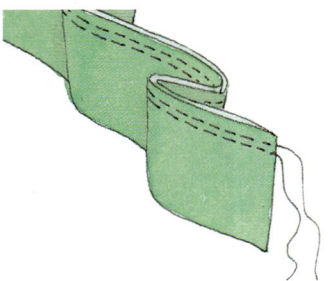

2 Wird die Rüsche nicht zum Ring geschlossen, Rüschenstreifen längs rechts auf rechts mittig falten; kurze Enden absteppen. Ecknahtzugaben abschrägen und Streifen nach rechts wenden. Die kurzen Enden und die Bruchkante bügeln, wobei die Schnittkanten aufeinander liegen müssen. Schnittkanten mit der Maschine innerhalb der Nahtlinie von 1,5 cm zusammenheften. Ansetzen siehe Schritt 4 (oben).

Rüsche mit Köpfchen

Typisch dafür sind zwei gerüschte Kanten, zwischen denen die Reihfäden liegen.

1 Für die Rüsche mit Köpfchen die Schritte 1, 2 und 3 der Anleitung für die einfache Rüsche befolgen, aber beide Längskanten säumen. Die Rüsche kann in der Mitte oder außerhalb der Mitte eingereiht werden.

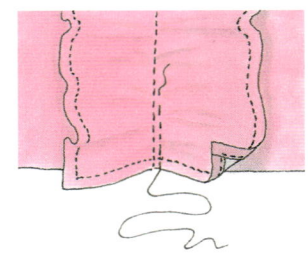

2 Die Rüsche mit der rechten Seite nach außen auf die rechte Seite des Bezugs stecken und in der Mitte zwischen den beiden Reihfäden von rechts feststeppen. Die Reihfäden anschließend entfernen oder mit Bändern oder Borten verdecken.

Rüsche mit Keder

1 Soll die Unterkante eines Bezugs mit einem Keder und einer Rüsche versehen werden, den Keder mit der Maschine an der Unterkante des Bezugs festheften.

2 Eine einfache Rüsche herstellen (siehe Seite 121) und auf dem Keder feststecken; die Schnittkanten von Bezug, Keder und Rüsche müssen aufeinander liegen.

3 Mit dem Kanten- oder Reißverschlussfuß die Naht 1,5 cm breit absteppen. Die Nahtzugabe stufenweise zurückschneiden und zum Bezug hinbügeln.

BIESEN

Biesen sind abgenähte Falten, die auf der linken oder rechten Seite des Stoffs liegen können. Anders als aufspringende Biesen (Seite 108) werden sie »nur« als Schmuck verwendet.

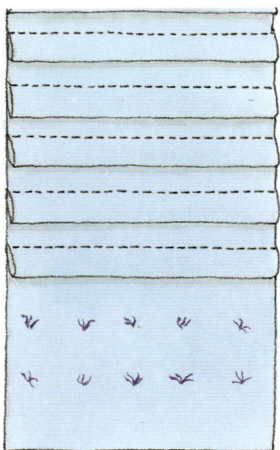

• Für einfache Biesen die Nahtlinien paarweise auf der linken Stoffseite mit Schneiderkreide anzeichnen oder auf der rechten mit Heftfaden. Die fertigen Biesen werden halb so breit sein wie der Abstand zwischen beiden Nahtlinien. Die Breite aller Biesen sollte gleich bleiben, aber die Abstände zwischen ihnen können verändert werden, indem man sie etwa – wie bei der Variante auf Seite 44 – allmählich vergrößert. Die Nahtlinien eines Paars auf der linken oder auf der rechten Stoffseite zusammennähen, dabei stets in derselben Richtung steppen. Alle Biesen mit wenig Druck in dieselbe Richtung bügeln, dabei ein Bügeltuch benutzen, falls dies auf der rechten Stoffseite geschieht.

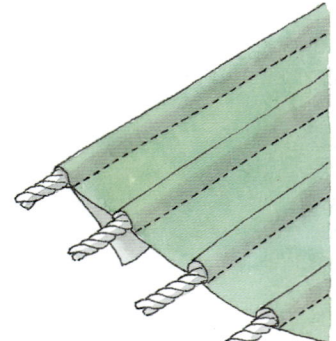

• Biesen mit Schnur wie oben arbeiten, aber in die Falten eine Schnur oder Kordel einziehen und zum Nähen den Kantenoder Reißverschlussfuß benutzen.

EINZIEHEN VON KNÖPFEN

Ein Sitzpolster, das mit Knöpfen durchgeheftet ist, erinnert an die traditionelle Knopfpolsterung. Bedenken Sie aber, dass ein solcher Bezug zum Waschen nicht abgenommen werden kann.

1 Für das Einziehen von Knöpfen sind flache bezogene Knöpfe mit Steg erforderlich. Die Position der Knöpfe in einem regelmäßigen Muster mit Stecknadeln auf dem Bezug markieren. Aus einem stabilen Garn zwei 45 cm lange Fäden schneiden.

2 Die Fäden durch den Steg des ersten Knopfs fädeln, zur Hälfte durchziehen und mit einem doppelten Knoten am Steg befestigen.

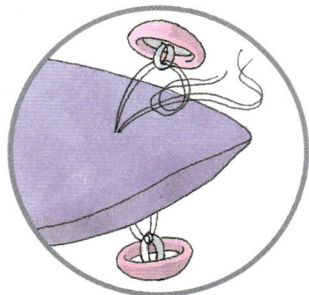

3 Beide Fäden in eine Polsternadel einfädeln, mit dieser von einem der markierten Punkte der Polsteroberseite zur Unterseite durchstechen.

4 Auf der Unterseite des Polsters die Nadel ausfädeln; Fäden mit einem einfachen Knoten um den Steg eines zweiten Knopfs binden. Dann Fäden straff anziehen, so dass die Knöpfe im Polster Vertiefungen bilden. Fäden ein paar Mal um den Steg des Knopfs wickeln, doppelten Knoten machen und Fadenenden abschneiden.

QUILTEN

Beim Quilten werden auf dekorative Art zwei Lagen Stoff mit einer zwischen liegenden Wattierung verbunden – ideal für Sitzflächen.

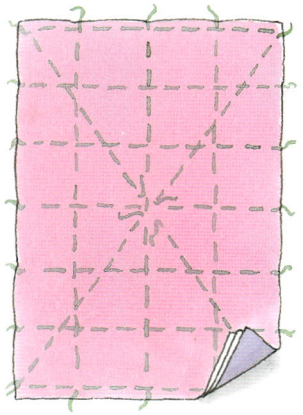

1 Die Wattierung zwischen Ober- und Unterstoff der Sitzfläche des Bezugs einlegen. Dabei zeigt die rechte Seite beider Stofflagen nach außen. Von der Mitte ausgehend zuerst diagonal bis in die Ecken, dann zu den Seiten hin die Lagen in gleichmäßigen Abständen von Hand zusammenheften.

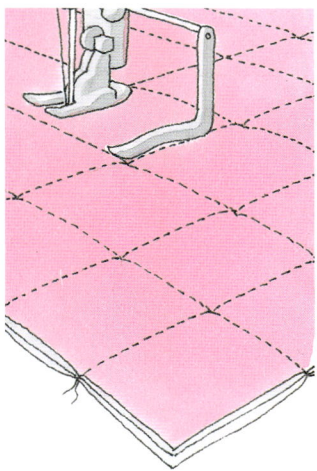

2 Passend zum Oberstoff ein Quiltmuster entwerfen oder den vorgegebenen Linien des Stoffmusters folgen. Von rechts durch alle Lagen steppen. Die Nähte sollten möglichst gerade ausfallen. Ein Kantenlineal oder die Abstandsmarkierungen am Oberstofftransportfuß der Nähmaschine leisten dabei gute Dienste. Man kann auch mit Kreppband oder Heftstichen auf der Stoffoberseite Hilfslinien markieren.

APPLIZIEREN

Diese Technik wird üblicherweise nicht mit Bezügen in Verbindung gebracht, bietet aber ebenfalls hervorragende Möglichkeiten, sie zu verzieren. So könnte jeder Stuhl einer Gruppe hinten mit einem Motiv aus dem gleichen Stoff besetzt werden, aus dem auch der Keder oder das Einfassband an der Unterkante des Bezugs bestehen. Bezüge für Kinderstühle sind ebenfalls ideal für applizierte Motive. Generell sollte man bedenken, dass es einfacher ist, eine Applikation auf ein einzelnes Stoffteil zu setzen als auf einen fertigen Bezug. Die Applikation von Hand ist für kleinere Motive gut geeignet, nicht für große. Hier arbeitet man am besten mit der Maschine und nimmt beidseitig beschichtetes Haftvlies.

• **Applizieren von Hand:** Motiv aus Stoff ausschneiden, dabei rundum 5 mm Nahtzugabe berücksichtigen. Das Motiv an der vorgesehenen Stelle auf das Stoffteil stecken. An Rundungen und innen liegenden Ecken die Nahtzugabe einschneiden. Nahtzugabe nach und nach unterklappen und mit dem Fingernagel falzen, während das Motiv entlang der Bruchkante mit Saumstich befestigt wird.

• **Applizieren mit der Maschine:** Motiv ohne Nahtzugabe aus Stoff ausschneiden. Motiv spiegelverkehrt auf die Papierrückseite eines beidseitig klebenden Vlieses aufzeichnen; etwas verkleinert ausschneiden. Das Vlies auf die linke Motivseite bügeln. Papier abziehen und Motiv aufbügeln. Die Schnittkante mit Zickzackstich einfassen.

PROJEKTE ABWANDELN

Die Projekte in diesem Buch behandeln die Grundformen, die es bei Bezügen gibt. Es mag aber vorkommen, dass der Bezug, den Sie sich vorstellen, oder das Möbelstück, für das Sie den Bezug planen, in irgendeiner Weise anders ist. Das ist kein Problem, denn alle Teile für die Lehnen, die Sitzfläche und den Rock können beliebig kombiniert werden.

Die einzelnen Abschnitte und Nähte eines Bezugs entsprechen meist ungefähr denen der Originalpolsterung, sie brauchen aber nicht genau gleich zu sein. So können Sie etwa an der Oberkante der Rücken- oder Armlehne einen Einsatzstreifen einfügen, auch wenn dieser am Originalmöbel nicht vorhanden ist.

DIE ARMLEHNE

Die gebräuchlichsten Formen sind die gerade, die kantige und die gerundete Lehne. Bei allen dreien werden meist Oberkante und Stirnseite verschieden gearbeitet.

Die gerade Armlehne

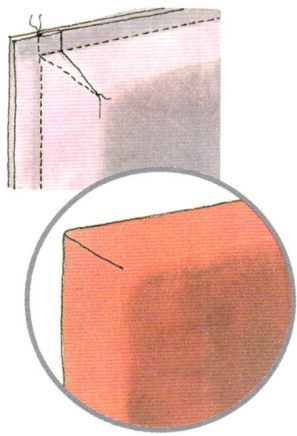

Hier reicht der Stoff für das Innenteil bis über die Oberkante und die Stirnseite. Ist der Winkel zwischen Oberkante und Stirnseite sehr spitz, ist ein Abnäher nötig, ist er flacher, sind kleine Fältchen besser.

Die kantige Armlehne

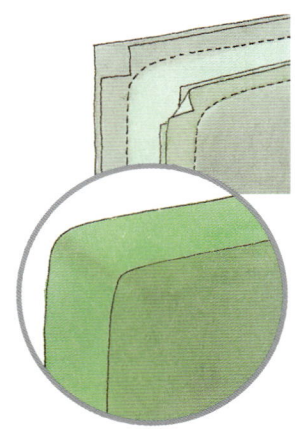

Ein Einsatzstreifen führt über Stirn- und Oberseite der Lehne und trennt Innen- und Außenfläche deutlich. Einschnitte in die Nahtzugabe an den Ecken bewirken, dass sich der Streifen im 90-Grad-Winkel legt.

Die runde Armlehne

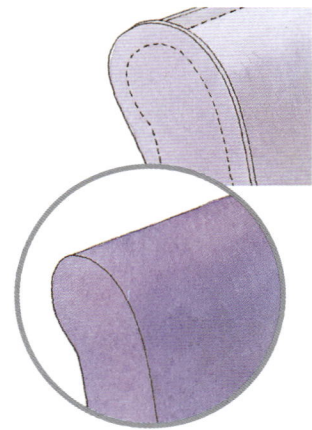

Bei einem Sessel oder einem Sofa mit gerundeter Armlehne greift die Innenfläche des Bezugs entweder ganz um die Oberseite bis unterhalb der Rundung auf der Außenseite herum oder sie endet an der breitesten Stelle der Rundung. Für die Stirnseite gibt es normalerweise ein separates Teil, manchmal wird auch das Innenteil der Armlehne in Falten über die Front gelegt.

DIE SITZFLÄCHE

Wichtig ist, ob es bei einem Sessel oder Sofa Sitzkissen gibt. Eine Husse wird in der Regel mit oder ohne Kissen gleich gearbeitet, aber bei Polstermöbeln können separate Kissen nicht einfach hinzugefügt oder weggelassen werden. Auch kann man nicht die ursprüngliche Form der Kissen verändern, denn ihre speziellen Formen sind genau der jeweiligen Sitzfläche oder Rückenlehne angepasst.

Aber auch bei den Kissen haben Sie die Wahl zwischen kastenförmigen mit oder ohne umlaufendem Einsatzstreifen oder solchen mit gerundeten Kanten.

Ferner ist es wichtig, ob der Sitz über die Armlehnen hinausragt (siehe beispielsweise den Sitz des Lehnstuhls auf den Seiten 10–18).

Die Sitzfläche kann unterschiedlich enden. Gibt es einen Rock, kann dieser an der Oberkante des Sitzes oder weiter unten ansetzen. Davon hängt die Gestaltung des Stoffteils für den Sitz ab, denn im letzteren Fall muss es über die Vorderkante hinaus verlängert werden. Bei Stühlen ohne Armlehne wird die Sitzfläche zusätzlich noch über die Seiten weitergeführt, was bedeutet, dass an den vorderen Ecken kleine Abnäher oder Fältchen erforderlich sind. Bei einem Sessel reicht vielleicht ein Einschneiden der Nahtzugaben an den vorderen Ecken, damit sich das Teil glatt um die Stirnseite legt.

DIE RÜCKENLEHNE

Bei einigen Sofas oder Sesseln ist ein separater Streifen an der Oberkante zwischen Innen- und Außenseite der Rückenlehne eingesetzt, bei anderen wird die Innenfläche der Lehne über die Oberkante weitergeführt und trifft dort direkt mit der Außenfläche zusammen. Auch hier sorgt einfaches Einschneiden der Nahtzugabe dafür, dass sich die Ecken der Form anpassen.

OBEN: Alle Entwürfe lassen sich abwandeln. Dieser Bezug wurde wie der Sitz auf den Seiten 30-33 gearbeitet, allerdings so, als habe er zwei Vorderseiten und keine Rückenlehne. Die Unterkante ist gesäumt und mit einem Samtband besetzt.

DER ROCK

Oft haben Bezüge eine gesäumte Unterkante, die irgendwo zwischen der Sitzunterkante und dem Boden endet. Außerdem können Bezüge mit unterschiedlichsten Röcken versehen sein, mit gerüschten, gekräuselten, gefältelten Volants oder passgenau sitzenden Schabracken mit oder ohne Kellerfalten an den Ecken. Wie bei der Kleidermode können auch hier die Rocklängen völlig unterschiedlich sein.

VARIANTEN

Selbstverständlich gibt es noch viele andere Möglichkeiten. Obwohl der Stil des Möbelstücks die Form des Bezugs bis zu einem gewissen Grad vorgibt, können viele Merkmale verändert werden. Die Methode, die Stoffteile beim Stecken direkt am Möbelstück in die richtige Form zu bringen, gewährt dabei unendliche Flexibilität.

Auch lassen sich Elemente von einer Möbelgattung auf eine andere übertragen. Bezüge für Stuhlsitzflächen können zu Bezügen für Fußschemel umgearbeitet werden; der Rock von einem Sofabezug kann für einen Beistelltisch verwendet werden. Dabei ist die Abwandlung eines Sesselbezugs zu einem Sofabezug oder umgekehrt die einfachste von allen. Sofabezüge erfordern meist, dass mehrere Stoffteile zusammengefügt werden (siehe Seite 102) und haben zwei Verschlussöffnungen statt einer, ansonsten ist das Vorgehen dasselbe.

Die Beschäftigung mit den einzelnen Bestandteilen ermöglicht es, eigene Projekte zu entwerfen und perfekte Passformen zu erhalten.

Index

Seitenzahlen in *Kursivschrift* verweisen auf Abbildungen.

A
Abmessungen 100
Abnäher 108, 124
Abwandlung der Projekte 124-125
Anpassen der Stoffteile 102-103, 108
    Nahtzugaben berücksichtigen 100
    Nahtzugaben einschneiden 102, 105
Anstecken an Holzstühlen 103
Applizieren 123
Armlehnenformen 124
Auskleidung, gepolstert für Rattansessel 93-95
Ausmessen der Stoffteile 100
Ausrüstung 8-9
Ausschnitte 79-80, 110

B
Badezimmerstuhlbezug 83
Bänder 110, 114
Begradigen des Stoffs 99
Besatzartikel 116
Bett
    Kopfteil 84-85
    Tagesdecke 74-77
Bettcouchbezug 59-61
Biesen 122
    anstelle Abnäher 108
    rein dekorativ 44, 122
Blende
    für Zacken- und Bogenkanten 76-77, 116
Bogenkanten 13, 76-77, *105*, 116, *117*
Borten 80, 116
Briefecken
    an Einfassungen 118-119
    an Säumen 107
Bügeln
    Florstoffe 99
    Nähte 104
Bügeltuch 9, 104, 109

E
Ecken
    abschrägen 105
    Briefecken an Einfassungen 118-119
    Briefecken an Säumen 107
    einschneiden 106, 124
    nähen 106-107
Einfassen von Kanten 40-41, 116, *117*, 118-119
Einziehen von Knöpfen 95, 123
Ersatzbezüge
    für Liegestühle 86-89
    für Regiestühle 96-97

F
Fäden sichern 104
Fadenlauf 99, 102, 118, 121
Falten 108, 110
    Kellerfalten *siehe* dort
    Kräuselfalten 110
    Plisseefalten 108
    Quetschfalten 108
    Rüschen *siehe* dort
Faltenböden 41, 55, 81-83, 92, 110, 112
Florstoffe 99
Formen der Stoffteile 108-110
Fransen 26-29, 116
Fußschemel 95, *125*
Futter 45-47, 99

H
Handtücher für Bezug 83
Heften 104
Hexenstich 107
Hülle zum Anstecken 53-54, 90-91, *99*, 103
Hussen 6

K
Kanten
    an der Möbelunterseite befestigen 25, 29, 73, 114-115
    Bogenkanten 13, 76-77, *105*, 116, 117
    eingefasst 40-41, 65, 116, *117*, 118-119
    in Kontrastfarben 77, 116, *117*
    mit Bortenbesatz 45-47, 80, 116, *125*
    mit Fransenbesatz 29, 116
    mit Rüschen 33, *120*, 121-122
    Zackenränder 116
Keder 120
    an Reißverschlüssen 112
    an Rüschen 122
Keile 59-61, 102, *103*
Kellerfalten 29, 100, 108-110
    am Rock 10-13, 14-17, 30-33, 90-92
    am Reißverschluss 112
    in der Rückenlehne 36, 52-55, 81-83, *109*
    mit andersfarbigem Faltenboden 41, 55, 92, 110
    mit Bändern 41, 52-55, 81-83, 90-92, *109*
    mit geknöpftem Riegel 55
    mit Knopfleiste 116
    mit Kordel und Troddel 36
    mit separatem Faltenboden 41, 55, 81-83, 92, 110
    mit übersteppter Oberkante 36, 109, 116
Kissenbezüge 100, 111, 112, 124
    mit Volant 37-39, 42-44
    siehe Polsterkissen
Klappstuhlbezüge 34-36, 67-69
Klettbandverschlüsse 25, 29, 73, 80, 113-115
Knöpfe 111, 116
    an Riegeln 55
    beziehen 111
    einziehen 95, 123
    mit Schlingenverschluss 65
Knopfleisten 33, 45-47, 116
Kopfteilüberzug an Bett 84-85
Korbstuhl 9
    siehe Rattansessel
Kordel 21, 36, 112, 116
Kräuselfalten 110

L
Lehnstuhlbezüge *105*, *120*
    mit Falten 10-13
    zum Binden 18-21, *121*
Liegestuhlbezug 86-89

M

Markieren der Stoffteile 102
Materialien 9, 99
Motive platzieren 101
Muster 99, 100, 101, 102, 104, 105
Musteranschluss 99, 104
Musterrapport 99, 100

N

Nähte 104-107
    auftrennen 104
    bügeln 104
    heften 104
    Musteranschluss 104, *105*
    steppen 104
    übersteppen 106, 109
    versäubern 104-105
    Zugaben 100, 104, 118
Nahtzugaben 8, 100, 104
    an Falten 100, 108, 110
    an Kanteneinfassungen 118
    an Säumen 100
    einschneiden 105
    zurückschneiden 105, 107

O

Ohrensesselbezüge
    mit Falten 10-13
Ösen 21, 112

P

Paspel 120
Polstereinschübe 100, 114, *115*
Polsterkissen 100
    kastenförmig 14-17, 61, 69, 124
    kastenförmig mit Einsatzstreifen 102, 124
    kastenförmig ohne Einsatzstreifen 93-95, 124
    L-förmig 14-17, 124
    mit gerundeten Kanten 59-61, 93-95, 124
    mit Sonderform 48-51
    T-förmig 18-21, 124
    Reißverschluss einfügen 112-113
    Rollenform 74-77
Polsterstuhlbezüge 70-73, 106
    Esszimmer 30-33, 53, 56-58, 90
    Lehnstühle *siehe* dort
    mit Armausschnitten 70-73
Polstoffe 99

Q

Quilten 123

R

Rapport 99, 100
Rattansesselbezüge 81-85, 93-95
Regiestühle
    lange Husse *6*, 66-69
    zweiteilige Husse 96-97
Reißverschlüsse 112-113
Richtung des Stoffs 99, 102
Rock 100, 103, 125
    an Bezug mit Rückenfalte 52-55, *109*
    aus separaten Teilen 39, 78-80
    drapiert und gebunden 56-58
    mit Kellerfalten 10-13, 14-17, 29, 30-33, 90-92
    mit Plisseefalten 108
    mit Quetschfalten 108
    mit Verankerung 115
Rückenlehnen 124
    gepolsterte Auskleidung für Rattansessel 93-95
    kurzer Überzug für Gartenstuhl *99*
    Polsterkissen für Holzstuhl 42-44
    Überzug für Regiestuhl 96-97
Rundungen
    am Möbelstück ausmessen 8, 100
    Anpassen des Stoffs 108
    einschneiden 105
Rüschen 33, 121-122

S

Säume 100, 107
    an Falten 109, 110
Saumstich 107, 111
Schablonen 9, 100, 101
    in Projekten 35, 43, 46-47, 50, 57, 85, 94, 101
Schaumstoff 49-51, 93-95
Schemelbezüge 95, *125*
Schleifen 40-41, 56-59, 84-85, 87-89, 114
Schnittkanten 104, 118
Schonbezugsnadeln 115
Schussfadenlauf 99
Schrägband 9, 116-118, 120
Sesselbezüge
    mit Armausschnitten 78-80
    mit gerader Armlehne 10-13
    mit kantiger Armlehne *106*, 115
    mit runder Armlehne 18-21, 26-29, 62-65, *103, 105, 117*
    Ohrensessel 10-13, 18-21, *105, 120*
    Rattansessel 81-85, 93-95
Sitzflächen 124, *125*
    Schablonen herstellen 101
Sitzkissen 100, 111
    mit Volant 37-39, 42-44
Sitzmodule 59
Schemel 95, *125*
Polsterkissen s. dort
Sofabezüge 102
    Bettcouch 59-61
    kastenförmig 22-25, 67
    mit runder Armlehne 14-17
    mit Rundpolster 74-77
Spiel 100
Stecken 102, 103, 104
Stecknadeln 9, 102, 103, 115
Stoff
    anzeichnen 9, 102, 103
    begradigen 99
    Eignung 99
    Formen der Stoffteile 108-110
    gemustert 99, 100, 101, 102, 104, 105
    Größe der Teile 100-103
    Länge und Breite 100
    Verbrauch 100
    Vorbereiten der Stoffteile 99
    zusammensetzen für Sofabreiten 102
    Zuschnitt 102
Strich des Stoffs 99, 102
Stuhlbezüge
    Gartenstühle *99*
    gepolstert 30-33, 53, 56-58, 90
    Holzstühle 52-55, 56-58, 90-92, *109*
    kastenförmig 67, *106*
    Kinderstuhl 70-73, 123

Klappstühle 34-36
Korbstühle *siehe* Rattansessel
Liegestuhl 86-89
  mit drapiertem und gebundenem
    Rock 56-58
  mit gebundenen Rückenfalten 52-55,
    81-83, 90-92, 109
  mit kantiger Armlehne 67
  mit Ohrenlehne 18-21
  mit Sonderkissenform 48-51
  zurückgebunden 18-21, *120*
  zweiteilig 42-44

T
Tagesdecke 74-77
Taschen 73
Tischdecken 40-41, *109*

U
Übersteppen 106
  an der Faltenoberkante 36, 109
Umschlag 80, 110
  für Ausschnitte 80, 110

V
Verankerungen 114-115
  mit Klettband 25, 29, 73, 114-115
Verschlüsse 111-115
  geknöpft 33, 45-47, 111
  mit Bändern 114
  mit Druckknöpfen 114
  mit Haken und Ösen 114
  mit Klettverschluss 80, 113-114
  mit Ösen 21, 112
  mit Reißverschluss 112-113
  mit Saumstich 111
  mit Schleifen 18-21, 40-41, 114
  überlappend 111
Verstärkungsnaht 105, 106
Volant *siehe* Rock

W
Wattierung 9, 93-95, 107, 123
Webkanten 99, 100

Z
Zackenränder 116
Zuschnitt 102
Zuschnittpläne 9, 100, 102

Danksagungen

Quarto dankt für die Abdruckgenehmigung der Fotos:

Abode 18, 40, 101.
Laura Ashley Ltd 98.
Nina Campbell, Vertrieb durch Osborne & Little 27, 29.
Copyright © Homes and Gardens/IPC Syndication 45, 71, 73, 84, 103, 109, 115, 117, 125.
Andrew Martin 10, 66, 69.
Ravi 78, 90.
Sanderson 14.
Elizabeth Whiting & Associates 7, 22, 30, 33, 34, 37, 42, 44, 48, 56, 59, 60, 62, 70, 81, 86, 89, 93, 96, 106, 121.
Zoffany 52, 54.

Die Autorin dankt Fiona Robertson für die geduldige und effiziente
Projektleitung, Sheila Volpe für die lebhafte, leicht zugängliche
Gestaltung und besonders Kate Simunek, durch deren sorgfältige
Aufmerksamkeit für Details der Beweis erbracht wurde, dass eine
Abbildung tatsächlich mehr sagt als tausend Worte.
Die Übersetzerin dankt Sybille Heppner-Waldschütz für ihre
mitdenkende und erheiternde Unterstützung beim Übertragen
des Textes.